KB146077

초급
유학생을 위한
한국어

대학생활이

차봉준 · 한래희
황선영 · 김은정
김지학 지음

쉬워지는

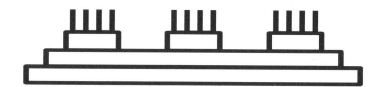

한국어

(주)박이정

대학생활이 쉬워지는 한국어(초급)

초판 인쇄 2021년 3월 10일
초판 발행 2021년 3월 15일

저　자 · 차봉준·한래희·황선영·김은정·김지학
펴낸이 · 박찬익
편집장 · 한병순
펴낸곳 · (주)박이정

주소 · 경기도 하남시 조정대로45 미사센텀비즈 7층 F749호
전화 · 02-922-1192~3/031-792-1193,1195
팩스 · 02-928-4683
홈페이지 · www.pjbook.com
이메일 · pijbook@naver.com
등록 · 2014년 8월 22일 제305-2014-000028호

ISBN 979-11-5848-614-3 13710
책값은 뒤표지에 있습니다.

- 본 교재는 숭실대학교의 대학혁신지원사업 중 '유학생 대상 교양필수 교과목 〈학문목적한국어〉
  교육과정 개발'에서 개발된 교육과정을 바탕으로 제작한 것임.
- 본 교재에 수록된 예문의 일부는 국립국어원의 '한국어기초사전'을 참고한 것임.

목 차

교재 구성표

단원	어휘	문법	
1과 입학	입학 관련 어휘	에, 에서 -(으)ㄹ 거예요	-아/어서, -(으)니까 [이유] -고 싶다
2과 수강신청	수강 신청 관련 어휘	-았/었- -기로 하다	-(으)면 -아/어야 하다
3과 동아리	동아리 관련 어휘	-고 있다 -(으)려고	-(으)ㄹ 수 있다, -(으)ㄹ 수 없다 -(으)ㄴ/는/(으)ㄹ
4과 축제	축제 관련 어휘	-(으)면서 -아/어 주다	-(으)ㄹ 때, -았/었을 때 -고, -아/어서 [순서]
5과 시험	시험 관련 어휘	-아/어도 되다 -겠-	-(으)면 안 되다 -(으)ㄴ/는/(으)ㄹ 것 같다
6과 방학	방학 관련 어휘	-게 -던	-아/어 보다 -(으)ㄴ 지
7과 전공	전공 관련 어휘	-(으)니까 [발견] -(으)ㄴ/는데	-다 -다가, -았/었다가
8과 과제	과제 관련 어휘	-(으)ㄹ 만하다 -아/어도	-게 하다 사동사
9과 직업	직업 관련 어휘	보다, 에 비해 간접 인용 1	-아/어지다 간접 인용 2
10과 졸업	졸업 관련 어휘	피동사 -기	-기 위해 -아/어 있다

기능	대학 생활 알아보기
대학에서 하고 싶은 것에 대한 글 읽고 쓰기	신입생 오리엔테이션에서는 무슨 정보를?
수강 계획에 대한 대화 듣고 말하기	수강 신청할 때 주의할 점은?
동아리에 대한 글 읽고 쓰기	대학에는 어떤 동아리가 있을까?
축제에 대한 인터뷰 듣고 말하기	대학 축제에 그런 행사도 있다고?
시험공부 방법에 대한 글 읽고 쓰기	합격을 기원하기 위해 주는 선물은?
방학에 대한 발표 듣고 말하기	한국 대학생들은 방학에 뭘 할까?
전공에 대한 글 읽고 쓰기	전공을 바꿀 수 있다고?
성적에 대한 대화 듣고 말하기	조별 과제가 어려워?
직업에 대한 글 읽고 쓰기	공기업에 인턴 사원 제도가 있다고?
취업에 대한 방송 듣고 말하기	졸업을 하려면?

단원 구성

1

도입

- 주제와 관련된 그림이 제시되어 있습니다.
- 단원의 주제와 관련된 도입 질문 두 개가 제시되어 있습니다.

2

대화

- 주제와 관련된 대화가 제시되어 있습니다.
- 해당 단원에서 학습할 내용이 포함되어 있어, 맥락을 통해 학습할 내용의 의미를 유추할 수 있도록 구성하였습니다.
- 듣기 파일을 제공하여 학습자들이 대학 생활에서 일어나는 다양한 대화를 들으며 공부할 수 있도록 하였습니다.

3

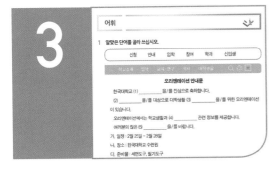

어휘

- 주제와 관련된 어휘와 연습 문제가 제시되어 있습니다.

각 단원은 '도입, 대화, 어휘, 문법, 읽고 쓰기 / 듣고 말하기, 대학 생활 알아보기'로 구성되어 있습니다.
'읽고 쓰기'와 '듣고 말하기'는 두 단원에 한 번씩 나오도록 구성하였습니다.

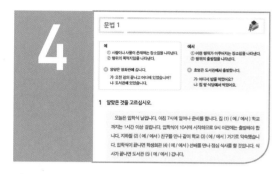

문법

• 문법에 대한 설명과 연습 문제가 제시되어 있습니다.

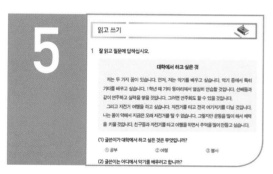

읽고 쓰기

• 단원의 주제와 관련된 짧은 글과 이해 문제가 제시되어 있습니다.
• 읽은 내용을 바탕으로 유사한 장르의 글을 쓸 수 있도록 유도하였습니다.

듣고 말하기

• 단원의 주제와 관련된 짧은 듣기 내용과 이해 문제가 제시되어 있습니다.
• 들은 내용을 바탕으로 말하기 연습을 할 수 있도록 유도하였습니다.

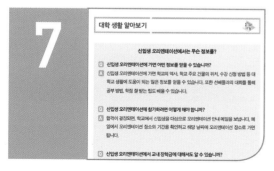

대학 생활 알아보기

• 한국 대학 생활과 관련된 내용을 제시하였습니다.
• 간단한 이해 문제를 제시하였고, 읽은 내용을 바탕으로 여러 나라의 상황과 비교해 보도록 하였습니다.

01 입학

- 대학교 입학식에서는 어떤 행사를 합니까?

- 대학에 입학한 다음 가장 하고 싶은 일은 무엇입니까?

대화

링링: 신입생 오리엔테이션에서 무엇을 해요?

민수: 학사 일정과 학교 시설을 알려줘요.

링링: 수강 신청 방법도 알려줘요?

민수: 수강 신청 방법도 알려주니까 꼭 가세요.

링링: 오리엔테이션은 언제 시작해요?

민수: 다음 주 월요일에 시작할 거예요.

링링: 어디에서 해요?

민수: 대강당에서 해요. 대강당은 본관 옆에 있어요.

1 알맞은 단어를 골라 쓰십시오.

> 신청 안내 입학 참여 학과 신입생

| 학교소개 | 입학 | 교육·연구 | 학사 | 대학생활 | 🔍 ⊕ ▾ |

오리엔테이션 안내문

한국대학교 (1) _____ 을/를 진심으로 축하합니다.

(2) _____ 을/를 대상으로 대학생활 (3) _____ 을/를 위한 오리엔테이션

이 있습니다.

오리엔테이션에서는 학교생활과 (4) _____ 관련 정보를 제공합니다.

여러분의 많은 (5) _____ 을/를 바랍니다.

가. 일정 : 2월 25일 ~ 2월 28일

나. 장소 : 한국대학교 수련원

다. 준비물 : 세면도구, 필기도구

라. (6) _____ 기간 : 2월 10일 ~ 2월 16일

마. 방법 : 학교 홈페이지에서 신청

한국대학교 학생처장

2 알맞은 것을 고르십시오.

(1) 오후에 대학 첫 (수업 / 뒤풀이)을/를 듣습니다.

(2) 올해 입학식은 대강당에서 (열립니다 / 부탁합니다).

(3) 흐엉은 대학생활에 잘 (적응하고 / 부탁하고) 있습니다.

(4) 정수는 학과 선배에게 자기를 (소개했습니다 / 참여했습니다).

(5) 쯔위는 오늘 입학식에서 학과 선배와 (만납니다 / 계획합니다).

(6) 동생과 저는 올해 동시에 입학해서 (학번 / 전공)이/가 같습니다.

문법 1

에	에서
① 사람이나 사물이 존재하는 장소임을 나타낸다. ② 행위의 목적지임을 나타낸다. 예 양양은 영화관에 갑니다. 가: 오전 강의 끝나고 어디에 있었습니까? 나: 도서관에 있었습니다.	① 어떤 행위가 이루어지는 장소임을 나타낸다. ② 행위의 출발점을 나타낸다. 예 흐엉은 도서관에서 출발합니다. 가: 어디서 밥을 먹었어요? 나: 집 앞 식당에서 먹었어요.

1 알맞은 것을 고르십시오.

> 오늘은 입학식 날입니다. 아침 7시에 일어나 준비를 합니다. 집 (1) (에 / 에서) 학교 까지는 1시간 이상 걸립니다. 입학식이 10시에 시작하므로 9시 이전에는 출발해야 합 니다. 지하철 (2) (에 / 에서) 친구를 만나 같이 학교 (3) (에 / 에서) 가기로 약속했습니 다. 입학식이 끝나면 학생회관 (4) (에 / 에서) 선배를 만나 점심 식사를 할 것입니다. 식 사가 끝나면 도서관 (5) (에 / 에서) 갑니다.

2 보기 와 같이 '에', '에서'를 넣어 문장을 완성하십시오..

> 보기 명희 / 부산 / 도착하다 → 명희가 부산에 도착합니다.

(1) 도서관 / 책 / 많다 → _____ .

(2) 동생 / 학교 / 가다 → _____ .

(3) 기차 / 부산 / 출발하다 → _____ .

(4) 윤지 / 백화점 / 친구 / 만나다 → _____ .

(5) 진수 / 학생 식당 / 밥 / 먹다 → _____ .

문법 2

-아/어서

이유나 근거를 나타낸다. 명령형이나 청유형을 쓸 수 없다.

예 아침을 많이 **먹어서** 배가 부릅니다.

가: 전시회에서 무엇을 보았습니까?
나: 늦게 **도착해서** 아무것도 보지 못했습니다.

-(으)니까

원인이나 이유를 나타낸다. 명령형이나 청유형을 쓸 수 있다.

예 너무 **더우니까** 시원한 걸 마십시다.

가: 무엇을 살까요?
나: 이게 **싸니까** 이걸 삽시다.

1 알맞은 것을 골라 대화를 완성하십시오.

(1) 가: (늦어서 / 늦으니까) 너무 죄송해요.
　　나: 괜찮습니다. 저도 방금 왔습니다.

(2) 가: 게임 한 시간만 더 해요.
　　나: 내일 일찍 일어나야 (해서 / 하니까) 이제 그만합시다.

(3) 가: 더 얘기할 것이 있어요.
　　나: 지금은 너무 (졸려서 / 졸리니까) 내일 만나서 이야기해요.

(4) 가: 요즘 몸이 좋지 않아요.
　　나: 매일 늦게 (자서 / 자니까) 몸이 안 좋지요.

(5) 가: 과제 아직 못 했어요?
　　나: 컴퓨터가 갑자기 고장이 (나서 / 나니까) 다 끝내지 못했어요.

(6) 가: 이 영화 볼까요?
　　나: 이 영화는 어제 (봤으니까 / 봐서) 다른 영화를 봐요.

(7) 가: 비행기 표 샀어요?
　　나: 사람이 (많아서 / 많으니까) 표를 사지 못했어요.

(8) 가: 어제 신입생 환영회에 갔어요?
　　나: 약속이 (있으니까 / 있어서) 가지 못했어요.

(9) 가: 우리 내일 만날까요?
　　나: 내일은 (바빠서 / 바쁘니까) 일요일에 만납시다.

(10) 가: 오늘 신입생 오리엔테이션에 갔어요?
　　나: 아니요. 독감에 (걸려서 / 걸리니까) 못 갔어요.

문법 3

-(으)ㄹ 거예요

미래에 할 일이나 추측한 것을 나타낸다.

> 예 내일은 눈이 **올 거예요.**
> 동생은 아마 축구장에 **갔을 거예요.**
>
> 가: 머리가 아파요.
> 나: 이 약을 먹으면 금방 나을 **거예요.**

1 '-(으)ㄹ 거예요'를 사용하여 계획한 일에 대한 대화를 완성하십시오.

(1) 가: 오늘 뭐 해요?
　　나: 농구장에 _____ . (가다)

(2) 가: 저녁 먹고 뭐 해요?
　　나: 불꽃놀이를 _____ . (구경하다)

(3) 가: 이사는 언제 해요?
　　나: 다음 달에 _____ . (이사하다)

(4) 가: 언제 가방을 사요?
　　나: 내일 _____ . (사다)

(5) 가: 이번 주말에 무슨 계획이 있어요?
　　나: 친구들과 자전거를 _____ . (타다)

2 '-(으)ㄹ 거예요'를 사용하여 추측한 것에 대한 대화를 완성하십시오.

(1) 가: 내일 날씨가 더울까요?
　　나: 네, 날씨가 _____ . (덥다)

(2) 가: 이 옷이 저와 어울릴까요?
　　나: 네, 아마 잘 _____ . (어울리다)

(3) 가: 진호는 학교에 도착했을까요?
　　나: 지금쯤 학교에 _____ . (있다)

(4) 가: 집까지 오래 걸릴까요?
　　나: 길이 많이 막히니까 오래 _____ . (걸리다)

(5) 가: 이 노트북을 동생에게 사 주면 좋아할까요?
　　나: 네, 최근에 나온 제품이니까 _____ . (좋아하다)

문법 4

-고 싶다

행동을 하기를 원함을 나타낸다.

예 게임을 하고 **싶습니다.**
저녁에 친구와 놀고 **싶어요.**

가: 시험이 끝나면 무엇을 할 생각이에요?
나: 집에서 **쉬고 싶어요.**

1 '-고 싶다'를 사용하여 대화를 완성하십시오.

(1) 가: 밥 먹고 나서 뭘 할까요?
　　나: 영화를 ＿＿＿＿＿＿＿. (보다)

(2) 가: 한국어를 잘 ＿＿＿＿＿＿＿. (하다)
　　나: 제가 열심히 도와줄게요.

(3) 가: 오늘 점심에는 라면을 ＿＿＿＿＿＿＿. (먹다)
　　나: 좋아요. 무슨 라면을 먹을까요?

(4) 가: 테니스를 잘 ＿＿＿＿＿＿＿. (치다)
　　나: 나는 배드민턴을 잘하고 싶어요.

(5) 가: 저에게 궁금한 게 있으면 물어보세요.
　　나: 어디 사는지 ＿＿＿＿＿＿＿. (알다)

2 알맞은 것을 골라 '-고 싶다'를 사용하여 일기를 완성하십시오.

> 가다　　되다　　배우다　　경험하다　　인정받다

　　대학교에 입학해서 너무 기뻐. 1학년 때에는 동아리에 들어가 영어 회화를 (1) ＿＿＿＿＿＿. 영어로 자유롭게 말하는 게 어릴 때부터 내 꿈이었어. 2학년이 되면 미국으로 교환학생을 (2) ＿＿＿＿＿＿. 물론 학점을 잘 받아야 할 거야. 미국에 가서 영어를 배우고 미국문화를 (3) ＿＿＿＿＿＿. 재미있는 일이 많을 거야. 3, 4학년 때에는 학교 공부를 열심히 할 거야. 대학을 졸업하고 통역사가 (4) ＿＿＿＿＿＿. 통역사로 경험을 쌓아서 사람들에게 최고의 통역사로 (5) ＿＿＿＿＿＿.

읽고 쓰기

1 잘 읽고 질문에 답하십시오.

대학에서 하고 싶은 것

저는 두 가지 꿈이 있습니다. 먼저, 저는 악기를 배우고 싶습니다. 악기 중에서 특히 기타를 배우고 싶습니다. 1학년 때 기타 동아리에서 열심히 연습할 것입니다. 선배들과 같이 연주하고 실력을 쌓을 것입니다. 그러면 연주회도 할 수 있을 것입니다.

그리고 자전거 여행을 하고 싶습니다. 자전거를 타고 전국 여기저기를 다닐 것입니다. 저는 몸이 약해서 지금은 오래 자전거를 탈 수 없습니다. 지금부터 운동을 많이 해서 체력을 키울 것입니다. 친구들과 자전거를 타고 여행을 하면서 추억을 많이 만들고 싶습니다.

(1) 글쓴이가 대학에서 하고 싶은 것은 무엇입니까?

    ① 공부   ② 여행   ③ 봉사

(2) 글쓴이는 어디에서 악기를 배우려고 합니까?

    ① 학원   ② 학교   ③ 동아리

2 다음 표에 메모해 보고, 대학에서 하고 싶은 것을 쓰십시오.

하고 싶은 것

구체적인 계획

대학 생활 알아보기

신입생 오리엔테이션에서는 무슨 정보를?

Q 신입생 오리엔테이션에 가면 어떤 정보를 얻을 수 있습니까?

A 신입생 오리엔테이션에 가면 학교의 역사, 학교 주요 건물의 위치, 수강 신청 방법 등 대학교 생활에 도움이 되는 많은 정보를 얻을 수 있습니다. 또한 선배들과의 대화를 통해 공부 방법, 학점 잘 받는 팁도 배울 수 있습니다.

Q 신입생 오리엔테이션에 참가하려면 어떻게 해야 합니까?

A 합격이 결정되면, 학교에서 신입생을 대상으로 오리엔테이션 안내 메일을 보냅니다. 메일에서 오리엔테이션 장소와 기간을 확인하고 해당 날짜에 오리엔테이션 장소로 가면 됩니다.

Q 신입생 오리엔테이션에서 교내 장학금에 대해서도 알 수 있습니까?

A 오리엔테이션에서는 국가 장학금과 교내 장학금에 대해 자세히 알려주고, 신청하는 방법도 소개합니다.

(1) 신입생 오리엔테이션에서 얻을 수 있는 정보에는 어떤 것이 있습니까?

(2) 여러분의 나라에서도 신입생 오리엔테이션을 합니까?

02 수강신청

- 수강 신청을 해 본 적이 있습니까?
- 수강 신청할 때 어려운 점이 있었습니까?

대화

진차오: 다음 학기에 전공 과목 뭐 들을 거야?

후엔: 글쎄, 아직 모르겠어. 너는?

진차오: 나는 경영학 개론을 듣기로 했어.

　　　　지난 학기에 안 들어서 이번 학기에는 꼭 들어야 하거든.

후엔: 그렇구나. 나는 강의계획서 나오면 그거 보고 결정할 거야.

진차오: 강의계획서? 지금 학교 홈페이지에 들어가면 있어.

후엔: 그래? 벌써 나왔어?

진차오: 어. 어제부터 올라왔어. 여기 봐.

후엔: 그렇구나. 이 교양 과목 강의계획서 좀 보자.

어휘

1 다음을 보고 각 어휘와 의미를 맞게 연결해 보십시오.

학교소개	입학	교육·연구	학사	대학생활		

2월 15일 ~ 2월 19일 : 수강 신청 기간

3월 2일 ~ 3월 6일 : 수강 변경 기간

3월 20일 ~ 3월 24일 : 수강 취소 기간

(1) 수강 신청 •　　　　　　　　• 가. 다른 과목으로 바꿈

(2) 수강 변경 •　　　　　　　　• 나. 듣고 싶은 과목을 등록함

(3) 수강 취소 •　　　　　　　　• 다. 등록한 과목을 시간표에서 없앰

2 수강신청 안내문을 보고 빈칸에 알맞은 단어를 찾아 쓰십시오.

정원　　　학점　　　휴학　　　재학생

학교소개	입학	교육·연구	학사	대학생활		

수강 신청 안내

1. 수강 신청 일정

　가. 수강 신청 : 8. 26.(월) ~ 8. 30.(금), 09 : 00 ~ 17 : 00

　나. 수강 신청 유의사항

　　• 최대 수강 신청이 가능한 (1) _____ 범위에서 신청 가능함.

　　• (2) _____은 / 는 복학 신청을 하지 않을 경우 수강 신청이 불가함.

　　• 과목별 수강 (3) _____이/가 초과되면 수강 신청 불가함.

　다. 수강 변경 : 9. 9.(월) ~ 9. 11.(수) 09:00 ~ 17:00

　　• 수강 변경 대상자 : (4) _____

　　• 학년과 무관하게 수강 변경 가능함.

-았/었-

상황이나 사건이 과거에 일어났음을 나타낸다.

> 예 8시에 학교로 **출발했다.**
> 어제 친구가 생일 선물을 **주었다.**

> 가: 부산에 대해 잘 알아요?
> 나: 네. 어렸을 때 부산에서 오래 **살았어요.**

1 '-았/었-'을 사용하여 어제 민수가 한 일을 완성하십시오.

10:00-11:00	메일을 쓰다	11:00-12:00 게임을 하다
12:00-13:00	친구와 점심을 먹다	13:00-15:00 동생과 영화를 보다
15:00-17:00	공원에서 자전거를 타다	

(1) 민수는 10시부터 11시까지 메일을 _____.

(2) 11시부터 12시까지 게임을 _____.

(3) 12시부터 13시까지 친구와 점심을 _____.

(4) 13시부터 15시까지 동생과 영화를 _____.

(5) 15시부터 17시까지 공원에서 자전거를 _____.

2 '-았/었-'을 사용하여 대화를 완성하십시오.

(1) 가: 무슨 책을 읽었습니까?

　　나: 소설책을 _____. (읽다)

(2) 가: 그 소식을 알고 있었나요?

　　나: 그 소식을 _____. (모르다)

(3) 가: 어제 날씨가 어땠습니까?

　　나: 날씨가 _____. (춥다)

(4) 가: 오늘 어떤 요리를 했습니까?

　　나: 스파게티를 _____. (만들다)

(5) 가: 왜 그렇게 놀랐습니까?

　　나: 방금 아주 큰 소리를 _____. (듣다)

문법 2

-(으)면

조건이나 가정을 나타낸다.

📘 **예** 주말에 날씨가 **좋으면** 바다에 가려고 한다.
열심히 **공부하면** 좋은 성적을 받을 수 있을 것이다.

가: 우리 발표 준비는 어떻게 할까?
나: 네가 자료를 **만들면** 내가 발표를 할게. 어때?

1 알맞은 것을 골라 학사 규정에 대한 안내문을 완성해 보십시오.

> 받다   있다   하다   아프다   결석하다

학사 규정

(1) 30% 이상 _____ F를 받는다.

(2) 재수강을 _____ A를 받을 수 없다.

(3) 몸이 _____ 유고 결석을 신청할 수 있다.

(4) 2.5점 이상을 _____ 외국인 성적 장학금을 받을 수 있다.

(5) TOPIK 3급이 _____ 한국어 기초반 수업을 듣지 않아도 된다.

2 수강신청에 대해 물어보는 후배에게 '-(으)면'을 사용하여 조언하는 대화를 완성하십시오.

> **보기** 가: 강의 내용을 미리 알고 싶어요.
> 나: 강의 내용을 미리 알고 싶으면 홈페이지에서 강의계획안을 봐.

(1) 가: 제가 듣고 싶은 과목을 신청하는 사람이 많은 것 같아요.
　　나: _____ 수강 신청을 못 할 수도 있어.

(2) 가: 학년 때 한국어 수업을 들어야 해요?
　　나: 응. _____ 강의를 들을 때 도움이 많이 돼.

(3) 가: 수업 내용이 생각과 달라요.
　　나: _____ 수강 변경 기간에 다른 과목으로 바꿀 수 있어.

(4) 가: 수강 취소 기간이 지났어요.
　　나: _____ 그 후에는 수업을 취소할 수 없어.

문법 3

-기로 하다
계획하거나 결정함을 나타낸다.

> 예 저는 매일 30분씩 **운동하기로 했어요.**
> 일요일에 친구와 도서관에서 **만나기로 했어요.**
>
> 가: 냉면을 먹을까요, 칼국수를 먹을까요?
> 나: 오늘 저녁에는 칼국수를 **먹기로 해요.**

1 '-기로 하다'를 사용하여 자신의 결심이나 결정을 이야기하는 문장을 완성하십시오.

일	월	화	수	목	금	토
	1	**2** 요리를 만들다	**3**	**4** 한국어를 배우다	**5**	**6** 영화를 보다
7 숙제를 끝내다	**8**	**9**	**10** 영어책을 읽다	**11**	**12**	**13**

(1) 화요일에는 _____

(2) 목요일에는 _____

(3) 토요일에는 _____

(4) 일요일에는 _____

(5) 수요일에는 _____

2 '-기로 하다'를 사용하여 앞으로의 계획을 말하는 대화를 완성하십시오.

(1) 가: 방학에 뭐 할 거예요?

　　나: 저는 아르바이트를 _____.

(2) 가: 같이 운동할까요?

　　나: 네. 좋아요. 한강에서 여의도까지 _____.

(3) 가: 어디에서 만날까요?

　　나: 내일 아침 10시에 학교 앞 버스 정류장에서 _____.

(4) 가: 한국어를 잘 하고 싶어요. 무엇을 하면 좋을까요?

　　나: 말하기 연습을 많이 하고, 한국 노래도 자주 _____.

(5) 가: 지하철을 탈까요, 버스를 탈까요?

　　나: 지금은 시간이 없으니까 _____.

-아/어야 하다

필수 조건을 나타낸다.

예 우리는 질서를 **지켜야 합니다.**
박물관에서는 조용히 **해야 합니다.**

가: 우리 수업 끝나고 놀러 가자.
나: 미안해, 내일까지 리포트를 **써야 해.**

1 '-아/어야 하다'를 사용하여 문장을 완성하십시오.

> 트란의 계획표 - 대학 졸업을 위해서 해야 할 일
>
> ☐ 전공과목 모두 이수하기   ☐ 잊어버리지 않고 과제 제출하기
> ☐ 앞으로 수업 시간에 결석하지 않기   ☐ 4학년 1학기까지 TOPIK 4급 따기
> ☐ 나머지 학기 동안 시험을 열심히 준비하기

(1) 트란은 전공과목을 모두 _____.

(2) 트란은 잊어버리지 않고 과제를 _____.

(3) 트란은 앞으로 _____.

(4) 트란은 4학년 1학기까지 _____.

(5) 트란은 _____.

2 '-아/어야 하다'를 사용하여 대화를 완성하십시오.

(1) 가: 장학금을 받으려면 어떻게 해야 해요?

　　 나: 열심히 _____. (공부하다)

(2) 가: 마음이 아픈 친구와 어떻게 대화해야 해요?

　　 나: 그 친구의 이야기를 _____. (들어주다)

(3) 가: 겨울에 독감에 걸리지 않으려면 어떻게 해야 해?

　　 나: 병원에 가서 _____. (주사를 맞다)

(4) 가: 도서관에서 책을 빌릴 때 어떻게 해야 해요?

　　 나: 도서관에서 책을 빌릴 때는 _____.(학생증을 가지고 가다)

1 잘 듣고 질문에 답하십시오.

(1) 진차오가 영어 수업을 듣지 않기로 한 이유는 무엇입니까?

① 시간이 부족해서 　　　② 수강 신청을 하지 못해서

③ 영어에 자신이 없어서

(2) 영어 실력 향상을 위해 진차오가 주영에게 해준 조언이 아닌 것은 무엇입니까?

① 미국에 다녀오세요. 　　② 미국 드라마를 많이 보세요.

③ 영어를 잘 하는 친구와 친하게 지내세요.

2 다음 표에 메모해 보고, 수강 신청을 한 과목과 그 이유를 말해보십시오.

	나	친구
수강 신청 시기		
수강 신청을 한 과목과 이유		
수강 신청을 안 한 과목과 이유		

대학 생활 알아보기

수강 신청할 때 주의할 점은?

Q 수강 신청할 때 주의할 점에는 어떤 것이 있나요?

A 이번 학기에 꼭 들어야 하는 필수 과목부터 신청합니다. 필수 과목을 듣지 않으면 졸업을 하지 못하니까요. 하루에 너무 많은 과목이 몰리는 것도 피하는 것이 좋습니다.

Q 수강 신청을 잘하는 방법이 있나요?

A 수강 신청에 실패하는 과목이 있을 수 있으니 수업 시간표를 여러 개 만듭니다. 수강 신청을 하는 날을 잘 기억해두었다가 신청 시작 시간 전에 미리 준비하는 것이 좋습니다.

Q 수강 신청에 실패했을 때 수강 과목 교수님을 찾아가서 부탁해도 되나요?

A 교수님을 찾아가서 부탁한다고 해서 무조건 수강 정원을 늘려주지는 않습니다. 그러나 특별한 경우에는 수강 정원이 늘어나기도 합니다.

(1) 수강 신청할 때 주의할 점에는 무엇이 있습니까?

(2) 여러분의 나라에서는 수강 신청을 어떻게 합니까?

03 동아리

 · 어떤 동아리에 들어가고 싶습니까?

· 동아리 활동의 장점은 무엇입니까?

대화

후엔: 어떤 동아리에 들어가는 게 좋을까요?

마이클: 지금 어떤 동아리에 관심을 가지고 있어요?

후엔: 웹툰 동아리에 들어가고 싶은데, 그림에 자신이 없어요.

마이클: 그래도 동아리에 들어갈 수 있어요.

후엔: 기초부터 배울 수 있을까요?

마이클: 가입하면 선배들이 기초부터 가르쳐 줄 거예요. 저도 그림을 배우려고 들어왔어요.

후엔: 배우면 그림을 잘 그릴 수 있어요?

마이클: 물론이에요. 저도 처음에는 아무것도 못 그렸어요.

어휘

1 알맞은 것을 골라 빈칸에 쓰십시오.

> 관심   지원   활동   연락처   재학생

학교소개   입학   교육·연구   학사   대학생활   🔍 🌐 ▾

볼링 동아리 신입부원 모집

우리 볼링 동아리에서는 아래와 같이 신입 부원을 찾습니다.

1. 대상 : 우리 대학 (1) _____ 중 볼링에 (2) _____이/가 있는 사람
2. (3) _____ 기간 : 3월 2일~15일
3. (4) _____ : 매주 토요일 학교 앞 볼링장에서 시합을 합니다.
4. (5) _____ : 010-1234-5678 (회장)

많은 참여를 바랍니다

2 알맞은 것을 고르십시오.

(1) 링링은 친구에게 중국어를 (모집합니다 / 가르칩니다).

(2) 흐엉은 배드민턴 동아리에 (가입했습니다 / 배웠습니다).

(3) 제 동생은 초등학생 때 피아노를 (배웠습니다 / 알렸습니다).

(4) 나는 대학에 들어가면 연극 동아리에 (들어갈 / 입학할) 거야.

(5) 진호는 오후에 친구를 만나러 광화문에 (나왔습니다 / 배웠습니다).

(6) 오늘부터 봉사 동아리에서 새로운 회원을 (가입합니다 / 모집합니다).

문법 1

-고 있다

동작의 진행을 나타낸다.

예 영수는 농구를 하고 **있습니다.**
링링은 지금 친구를 만나고 **있어요.**

가: 언제 도착해요?
나: 곧 도착해요. 지금 **달려가고 있어요.**

1 '-고 있다'를 사용하여 문장을 완성하십시오.

(1) 가: 지금 뭐 하고 있어요?

　　나: 식당에서 밥을 ＿＿＿＿＿＿＿. (먹다)

(2) 가: 경기 준비가 끝났습니까?

　　나: 지금 경기복을 ＿＿＿＿＿＿＿. (입다)

(3) 가: 진아를 언제부터 기다렸어요?

　　나: 한 시간 전부터 ＿＿＿＿＿＿＿. (기다리다)

(4) 가: 수희는 일어났어요?

　　나: 아니요. 아직 ＿＿＿＿＿＿＿. (자다)

(5) 가: 영어 과제 다 끝냈어요?

　　나: 아직도 다 못 했어요. 지금 열심히 ＿＿＿＿＿＿＿. (마무리하다)

2 다음 그림을 보고 보기 와 같이 무엇을 하고 있는지 이야기하십시오.

보기

진수 / 물을 마시다

(1)

쯔위 / 창 밖을 바라보다

(2)

병수 / 졸다

(3)
링링 / 책을 읽다

(4)

흐엉 / 친구와 이야기하다

(5)

민희 / 청소를 하다

보기 　진수가 물을 마시고 있어요.

문법 2

-(으)ㄹ 수 있다 능력과 가능성을 나타낸다. 예 주희는 운전을 **할 수 있습니다.** 가: 한국 요리를 할 수 있어요? 나: 네. 불고기를 **만들 수 있어요.**	**-(으)ㄹ 수 없다** 능력과 가능성을 나타낸다. 예 영수는 스키를 **탈 수 없습니다.** 가: 죄송해요. 저는 한국어로 **쓸 수 없어요.** 나: 괜찮아요. 여기 영어로 된 서류도 있어요.

1 보기 와 같이 '-(으)ㄹ 수 있다'를 사용하여 문장을 완성하십시오.

> 보기 흐엉은 플루트를 불 수 있어요. (불다)

(1) 쯔위는 치즈 케이크를 ＿＿＿＿＿＿＿＿. (만들다)

(2) 링링은 어려운 한자어를 ＿＿＿＿＿＿＿. (읽다)

(3) 진수는 외국인과 영어로 자유롭게 ＿＿＿＿＿＿＿. (대화하다)

(4) 내 동생은 구구단을 처음부터 끝까지 ＿＿＿＿＿＿＿. (외우다)

2 '-(으)ㄹ 수 있다'나 '-(으)ㄹ 수 없다'를 사용하여 대화를 완성하십시오.

(1) 가: 왕웨이는 어떤 악기를 잘 연주해요?
　　나: 저는 드럼을 ＿＿＿＿＿＿＿＿. (치다)

(2) 가: 김치 좋아해요?
　　나: 아니요. 너무 매워서 ＿＿＿＿＿＿＿. (먹다)

(3) 가: 같이 자전거 탈까요?
　　나: 미안해요. 저는 자전거는 ＿＿＿＿＿＿＿. (타다)

(4) 가: 장민 씨는 한자어를 ＿＿＿＿＿＿＿? (읽다)
　　나: 아니요. 전혀 못 읽어요.

(5) 가: 술을 마셔서 ＿＿＿＿＿＿＿. (운전하다)
　　나: 괜찮아요. 제가 할게요.

문법 3

-(으)려고

의도나 목적을 나타낸다.

> 예 지금 **출발하려고** 했어요.
> 저는 부모님을 **도우려고** 저축을 하고 있습니다.
>
> 가: 오늘 왜 학교에 왔어요?
> 나: 보강을 **들으려고** 왔어요.

1 '-(으)려고'를 사용하여 대화를 완성하십시오.

(1) 가: 여기서 뭐 해요?

　　나: 친구를 ＿＿＿＿＿＿＿ 여기에 왔어요. (만나다)

(2) 가: 밥 먹고 뭐 할 거예요?

　　나: 배가 불러서 ＿＿＿＿＿＿＿ 해요. (걷다)

(3) 가: 왜 그렇게 수영을 열심히 해요?

　　나: 살을 ＿＿＿＿＿＿＿ 수영을 열심히 해요. (빼다)

(4) 가: 이번 학기에 어떤 수업을 들을 거예요?

　　나: 스페인어 수업을 ＿＿＿＿＿＿＿ 해요. (듣다)

(5) 가: 밍밍은 컴퓨터실에 왜 왔어요?

　　나: 수업자료를 ＿＿＿＿＿＿＿ 왔어요. (만들다)

2 사람들은 왜 다음과 같은 행동을 했습니까? 보기 와 같이 이야기하십시오.

	사람	의도	행동
보기	윤지	드라마를 보다	약속을 취소했다
(1)	링링	친구를 만나다	지하철역에 갔다
(2)	왕밍	첫차를 타다	일찍 집에서 나왔다
(3)	유선	상을 받다	밤을 새서 공부했다
(4)	흐엉	등록금을 벌다	아르바이트를 하고 있다
(5)	응우엔	잃어버린 물건을 찾다	분실물 센터에 전화했다

> 보기 윤지는 드라마를 보려고 약속을 취소했어요.

문법 4

-(으)ㄴ

현재의 상태를 나타낸다.

> 예 저게 세상에서 가장 **빠른** 자동차야.
> 어젯밤에 학교에서 **신나는** 일이 있었어.
>
> 가: 어디에서 만날까요?
> 나: **조용한** 카페에서 만나요.

-(으)ㄴ / 는 / (으)ㄹ

사건이나 행위가 현재에 일어남을 나타낸다.

> 예 지난주에 **읽은** 책은 너무 지루했어요.
> 동생이 **다니는** 학교는 집에서 아주 멀어요.
>
> 가: 오늘 할 일이 무엇입니까?
> 나: 이삿짐을 옮겨야 합니다.

1 '-(으)ㄴ'을 사용하여 대화를 완성하십시오.

(1) 가: 어제 저녁에 뭐 했어?

　　나: 친구와 ＿＿＿＿＿＿＿＿ 시간을 보냈어. (즐겁다)

(2) 가: 가방에 뭐가 들어 있어요?

　　나: ＿＿＿＿＿＿＿＿ 책이 많이 들어 있어요. (무겁다)

(3) 가: ＿＿＿＿＿＿＿＿ 비빔밥을 먹고 싶어요. (맛있다)

　　나: 종로에 비빔밥을 잘하는 음식점이 있어요.

(4) 가: ＿＿＿＿＿＿＿＿ 모자를 사려면 어디로 가요? (예쁘다)

　　나: 남대문에 가보세요.

(5) 가: 우리 어디에서 만날까요?

　　나: 학교 앞 ＿＿＿＿＿＿＿＿ 건물 앞에서 만나요. (빨갛다)

2 알맞은 것을 고르십시오.

(1) 가: 오늘 저녁에 (본 / 보는 / 볼) 연극에 내 친구가 나와.
　　나: 와, 친구가 연극배우구나.

(2) 가: 이번 일요일에 우리가 (간 / 갈) 음식점은 어디 있어?
　　나: 강남역에 있어.

(3) 가: 어제 네가 (끓인 / 끓이는 / 끓일) 라면은 맛이 없었어.
　　나: 오늘은 맛있게 끓여줄게.

(4) 가: 지금 뭐 하고 있어?
　　나: 내일 학교에서 (공연한 / 공연할) 춤을 연습하고 있어.

1 잘 읽고 질문에 답하시오.

> 나는 1학년 때부터 봉사 동아리에서 활동하고 있다. 봉사 동아리에서는 토요일마다 고아원과 양로원에 가서 청소도 하고, 아이들에게 무료로 공부도 가르쳐 준다. 나는 5학년 학생에게 영어를 가르치고 있다. 매주 가야 해서 가끔은 힘들 때도 있다. 특히 시험 공부로 바쁜 시험기간에는 시간을 내기가 어렵다. 그래도 즐겁게 배우는 학생들을 보면 보람을 느낀다. 그리고 공부를 가르치는 선생님들의 마음을 잘 이해할 수 있어서 좋다.

(1) 글쓴이는 봉사 동아리에서 무엇을 합니까?

① 청소를 한다　　　　　② 영어를 가르친다　　　　　③ 중국어를 가르친다

(2) 봉사 활동을 하기가 어려운 때는 언제입니까?

① 방학　　　　　　　　② 학기 초　　　　　　　　③ 시험 기간

2 다음 표에 메모해 보고, 동아리에 대해 설명하는 글을 쓰십시오.

동아리 이름

활동

장단점

대학 생활 알아보기

대학에는 어떤 동아리가 있을까?

Q 대학에는 어떤 동아리가 있나요?

A 고전 음악 동아리, 축구 동아리, 광고 동아리, 종교 동아리, 만화 동아리, 영어 회화 동아리, 산악 동아리 등 대학에는 다양한 동아리들이 있어요.

Q 동아리를 선택할 때 주의해야 할 점이 있으면 말씀해 주세요.

A 동아리 활동이 나의 수업 일정과 잘 맞는지 살펴봐야 해요. 나의 수업 일정과 동아리 활동이 겹치면 활동을 하고 싶어도 하지 못하게 돼요. 동아리의 인원수도 중요해요. 동아리 인원이 너무 적으면 한 사람이 할 일이 너무 많아질 수 있어요.

Q 동아리 활동이 나의 미래 설계에도 도움이 될까요?

A 동아리 활동을 하다 보면 나의 적성이나 성격을 더 잘 알게 돼서, 앞으로 나에게 맞는 일을 찾으려고 할 때 도움을 받을 수 있어요.

(1) 여러분의 학교에는 어떤 동아리가 있습니까?

(2) 여러분이 동아리를 선택할 때 가장 중요한 것이 무엇입니까?

04축제

- 대학교 축제에서는 보통 무엇을 합니까?

- 여러분은 대학교 축제에서 무엇을 하고 싶습니까?

대화

마이클: 이번 축제 때 누가 출연해요?

링링: 가수와 개그맨들이 출연해요. 사람들이 모여서 공연을 볼 거예요.

마이클: 재미있겠어요. 공연을 볼 때 음식도 사 먹을 수 있어요?

링링: 그럼요. 공연을 보면서 핫도그, 음료수 등을 사 먹을 수 있어요.

마이클: 축제 때 어떤 음식이 가장 맛있었는지 알려 줄 수 있어요?

링링: 작년 축제에서는 떡볶이가 가장 맛있었어요.

마이클: 이번 축제에서도 떡볶이를 팔까요?

링링: 인기가 많은 메뉴니까 아마 팔 거예요. 저는 올해도 꼭 사 먹으려고요.

어휘

1 알맞은 것을 골라 문장을 완성하십시오.

> 계절　　소식　　일정　　모이다　　부르다　　다양하다

(1) 어떤 _____ 을/를 좋아해요? 저는 봄을 좋아해요.

(2) 기분이 우울할 때 노래를 _____ 마음이 편해요.

(3) 주말에 _____ 이/가 없으면 가까운 곳에 여행을 갑시다.

(4) 사람들이 공원 여기저기에 _____ 이야기를 나누거나 낮잠을 자요.

(5) 학교에서 진행하는 여러 행사에 참여해서 _____ 경험을 하고 싶어요.

(6) 가족들에게 영상 통화로 _____ 을/를 전할 수 있어서 간편하고 좋은 것 같아요.

2 다음 그림을 보고 알맞은 것을 찾아 쓰십시오.

> 맡다　　팔다　　떠들다　　반하다　　가득하다　　반짝거리다

(1) _____

(2) _____

(3) _____

(4) _____

(5) _____

(6) _____

-(으)면서

둘 이상의 행동이나 상태를 동시에 겸하고 있음을 나타낸다.

예 잠을 **자면서** 말을 한다.
엄마가 노래를 **들으면서** 청소를 하신다.

가: 민호는 뭐 하고 있어요?
나: 저는 **공부하면서** 노래를 듣고 있어요.

1 다음 표를 보고 보기 와 같이 이야기하십시오.

사람	하는 일	사람	하는 일
보기 카이	뉴스를 보다 + 아침을 먹다	(1) 수호	전화를 하다 + 청소를 하다
(2) 티진	책을 읽다 + 친구를 기다리다	(3) 지영	바닷가를 걷다 + 노래를 부르다
(4) 마이클	요리를 하다 + 텔레비전을 보다	(5) 리상	컴퓨터 게임을 하다 + 라면을 먹다

> 보기 카이가 뉴스를 보면서 아침을 먹어요.

2 다음 그림을 보고 보기 와 같이 이야기를 완성하십시오.

(1) 사라 / 음악을 듣다, 뛰다
(2) 자브런 / 책을 읽다, 콜라를 마시다
보기 첸 / 빵을 먹다, 이야기하다
(3) 소영 / 노래를 부르다, 춤을 추다
(4) 동민 / 자전거를 타다, 친구를 부르다
민아야!

> 보기 첸은 빵을 먹으면서 이야기하고 있어요.

문법 2

-(으)ㄹ 때

어떤 행위나 상황이 일어나는 순간이나 동안을 나타낸다.

예 나는 **피곤할 때** 커피를 마신다.
기분이 **우울할 때** 음악을 듣는다.

-았/었을 때

과거의 어떤 행위나 상황이 일어나는 순간이나 동안을 나타낸다.

예 가: 철수는 이제 한국 생활이 익숙하지요?
나: 네. 처음 한국에 **왔을 때**는 힘들었지만 지금은 괜찮아요.

1 '-(으)ㄹ 때'를 사용하여 대화를 완성하십시오

(1) 가: 언제 운동을 해요?
나: 일이 다 끝나고 집에서 _____ 운동을 해요. (쉬다)

(2) 가: 부모님이 _____ 어떻게 해요? (보고 싶다)
나: 부모님께 전화를 해요.

(3) 가: 시간이 _____ 뭘 해요? (있다)
나: 영화를 보거나 노래를 들어요.

(4) 가: 도서관에 책을 _____ 뭘 가지고 가야 해요? (빌리다)
나: 학생증을 가져가야 해요.

(5) 가: 언제 쇼핑을 하고 싶어요?
나: 스트레스를 _____ 쇼핑을 하고 싶어져요. (받다)

2 알맞은 것을 고르십시오.

(1) 가: 주로 언제 여행을 가요?
나: 스트레스가 (많을 때 / 많았을 때) 여행을 가요.

(2) 가: 도서관에 (갈 때 / 갔을 때) 무엇이 필요해요?
나: 학생증을 가져가야 해요.

(3) 가: 휴대용 선풍기를 쓰면 뭐가 좋아요?
나: 네. 길을 (걸을 때 / 걸었을 때) 계속 사용할 수 있어서 편해요.

(4) 가: 링링 씨, 119에 전화해 본 적 있어요?
나: 네. 작년에 불이 난 것을 (볼 때 / 봤을 때) 119에 전화했어요.

(5) 가: 최근에 운 적이 있어요?
나: 지난주에 친구와 (싸울 때 / 싸웠을 때) 속상해서 울었어요.

문법 3

-아/어 주다

도움을 주는 어떤 행위를 함을 나타낸다.

예 미도리가 저와 병원에 함께 **가 줬어요**.   가: 손님, 무엇을 드릴까요?
영화가 시작하기 전에 휴대전화를 **꺼 주세요**.   나: 만두 2인분을 **싸 주세요**.

1 '-아/어 주세요'를 사용하여 대화를 완성하십시오.

(1) 가: 운전을 하는 방법을 알아요?

　　나: 아니요, 좀 ＿＿＿＿＿＿＿＿＿＿. (가르치다)

(2) 가: 어떻게 오셨어요?

　　나: 휴대폰이 갑자기 꺼져요. 좀 ＿＿＿＿＿＿＿＿＿＿. (고치다)

(3) 가: 이 옷은 이십오만 원이에요.

　　나: 너무 비싸요. 좀 ＿＿＿＿＿＿＿＿＿＿. (깎다)

(4) 가: 선물하실 거예요?

　　나: ＿＿＿＿＿＿＿＿＿＿. (포장하다)

(5) 가: 비가 와요. 우산을 가지고 왔어요?

　　나: 아니요, 우산을 좀 ＿＿＿＿＿＿＿＿＿＿. (빌리다)

2 알맞은 것을 골라 '-아/어 줬다'를 사용하여 일기를 완성하십시오.

> 돕다　　틀다　　빌리다　　알리다

　　오늘 수업 시간에 교실이 너무 더웠다. 선생님이 에어컨을 (1) ＿＿＿＿＿＿. 그리고 펜을 가져오지 않아서 마리가 나에게 펜을 (2) ＿＿＿＿＿＿. 쓰기를 하는 것이 어려웠지만 친구들이 (3) ＿＿＿＿＿＿. 수업이 끝난 후에는 학교의 취업 센터에 갔다. 4학년이어서 취업에 대한 고민이 많기 때문이다. 취업 센터에서는 인턴 정보를 (4) ＿＿＿＿＿＿. 정보를 듣고 취업을 열심히 준비해야겠다는 생각이 들었다.

문법 4

-고

시간적 선후 관계를 나타낸다.

예 친구를 **만나고** 영화를 보러 갔다.

가: 수업이 끝난 후에 뭐 할까요?
나: 수업이 **끝나고** 우리 같이 인사동에 갑시다.

-아/어서

밀접한 관련이 있는 행동의 시간적 선후 관계를 나타낸다.

예 친구를 **만나서** 영화를 보러 갔다.

가: 은행에 어떻게 가요?
나: 이 길을 **건너서** 왼쪽으로 가세요.

1 알맞은 것을 고르십시오.

(1) 가: 여행을 갈 때 무엇을 준비해야 해요?
　　나: 숙소를 (예약하고 / 예약해서) 일정을 짜요.

(2) 가: 왜 아직 안 와요? 지금 어디에요?
　　나: 버스에서 (내려서 / 내리고) 지하철을 탔어요. 금방 갈게요.

(3) 가: 화장실이 어디에 있어요?
　　나: 앞으로 쭉 (가서 / 가고) 오른쪽으로 가면 돼요.

(4) 가: 학교에 어떻게 왔어요?
　　나: 집에서 학교까지 (걷고 / 걸어서) 왔어요.

(5) 가: 점심은 먹었어요?
　　나: 편의점에서 도시락을 (사서 / 사고) 먹었어요.

2 알맞은 것을 골라 '-고'나 '-아/어서'를 사용하여 대화를 완성하십시오.

(1) 가: 라면을 어떻게 끓여요?
　　나: 물을 _____ 면과 스프를 넣은 후에 3분 동안 끓여요. (끓이다)

(2) 가: 아이들이 뭐하고 있어요?
　　나: 거실에 _____ 영화를 보고 있어요. (앉다)

(3) 가: 집에 가면 뭐 할 거예요?
　　나: 샤워를 _____ 저녁 식사를 만들어서 먹을 거예요. (하다)

(4) 가: 주말에 뭐 했어요?
　　나: 오랜만에 방을 _____ 빨래도 했어요. (정리하다)

(5) 가: 이 그림은 뭐예요?
　　나: 수지 씨가 그림을 _____ 저에게 생일 선물로 줬어요. (그리다)

1 잘 듣고 질문에 답하십시오.

(1) 학생은 이번 축제 때 어떤 가방을 만들어서 팔았습니까?

① 여러 인물을 그린 가방 　　　　　　② 다양한 춤의 포즈를 담은 가방

③ 친구들의 사진을 넣은 가방

(2) 가방을 팔아 생긴 수익은 어디에 사용할 것입니까?

① 아이들에게 도서 기부 　　② 아이들을 위한 도서 제작 　　③ 댄스 수업 준비

2 아래 표에 메모하고 축제 때 판매할 것에 대해 기자와 학생의 인터뷰를 만드십시오.

	기자의 질문	학생의 답변
학과/동아리에서 무엇을 판매합니까?		
판매 수익은 어떻게 할 것입니까?		

대학 생활 알아보기

대학 축제에 그런 행사도 있다고?

Q 한국의 대학 축제에서는 무엇을 해요?

A 가수, 연예인들의 축하 공연을 많이 해요. 학교의 공연장이나 운동장 등에서 공연을 하는데, 그 대학의 학생이나 졸업생인 연예인 중 유명한 사람들을 초대해요.

Q 공연 말고 다른 즐길 거리에는 어떤 것이 있어요?

A 4컷 사진을 찍어서 추억을 남길 수 있는 부스도 운영하고, 오락기와 디스코 팡팡 등의 놀이기구를 대여해서 다 같이 놀이를 즐기기도 해요.

Q 축제 때 먹을거리에는 어떤 것이 있어요?

A 커피와 콜라 등 다양한 음료수, 과자를 사 먹을 수 있습니다. 그 외에 미니 스테이크, 떡볶이 등도 있고요. 들고 다니면서 먹기 편한 핫도그나 닭꼬치도 팔아요.

Q 축제에는 그 대학의 학생만 참여하나요?

A 대학교 축제는 누구든지 와서 즐길 수 있어요. 대학의 가까운 곳에 사는 사람들, 다른 대학교의 친구들이 모두 참석해도 돼요. 각 대학 축제의 매력을 직접 경험해 볼 수 있어요.

(1) 여러분의 나라의 대학에서도 축제를 합니까?

(2) 여러분 나라의 대학에서는 축제 때 무엇을 합니까?

05시험

- 시험 준비는 언제부터 시작하나요?

- 시험을 준비할 때 가장 어려운 점은 무엇입니까?

대화

진차오: 이 책 좀 빌려 가도 돼?

링링: 그래. 근데 나도 도서관에서 빌린 책이라 너무 늦게 주면 안 돼.

진차오: 언제까지 돌려줘야 해?

링링: 다음 주 수요일에 반납해야 돼.

진차오: 이 책 다 보는 데에 시간이 오래 걸릴까? 시험이 일주일밖에 안 남았는데 걱정이야.

링링: 오래 걸리지 않을 것 같아. 난 하루 만에 다 봤어.

진차오: 중요한 부분에 표시하면서 봐도 될까?

링링: 나도 빌린 책이니까 책에 표시를 하면 안 돼.

어휘

1 알맞은 것을 골라 문장을 완성하십시오.

> 과목   성적   객관식   시험지   주관식   기말시험

(1) _____에 쓸데없는 낙서를 하지 마세요.

(2) 쯔엉은 한국어 _____에서 A+를 받았습니다.

(3) _____이/가 끝나면 여름방학이 시작됩니다.

(4) 응우옌은 _____ 문제의 답을 모두 밀려 썼어요.

(5) 이번 시험에서 좋은 _____을/를 받아야 장학금을 탈 수 있습니다.

(6) 시험공부를 하지 않아서 _____ 답안지에 아무것도 쓰지 못했어요.

2 다음 그림을 보고 빈칸에 적절한 어휘를 선택하여 넣어 보십시오.

(1) 12시까지 답안지를 (받아야 / 제출해야) 합니다.

(2) 이번 학기 기말시험이 오늘 모두 (받았습니다 / 끝납니다).

(3) 왕웨이는 영어 시험에서 만점을 (받았습니다 / 끝냈습니다).

(4) 영수는 중간시험 문제 중 절반 이상을 (풀지 / 받지) 못했다.

(5) 흐엉은 한 달 전부터 중간시험을 (준비했습니다 / 끝났습니다).

(6) 내 동생은 기말시험을 잘 (보지 / 받지) 못해서 아깝게 장학금을 못 받았다.

-아/어도 되다

어떤 일이 가능하거나 허락될 수 있음을 나타낸다.

예 시험이 다 끝났으니 이제 **가도 됩니다.**
깨끗이 씻었으니 이 사과는 **먹어도 돼요.**

가: 내일 반드시 거기에 가야 하나요?
나: 급한 일이 있으면 가지 **않아도 돼요.**

1 '-아/어도 되다'를 사용하여 대화를 완성하십시오.

(1) 가: 여기서 사진을 _____? (찍다)
　　나: 여기는 사진 촬영 금지 구역입니다.

(2) 가: 이 신발 한번 _____? (신어 보다)
　　나: 물론입니다. 편하게 신어보세요.

(3) 가: 교수님, 과제를 다 끝내지 못했어요.
　　나: 괜찮아요. 내일 _____. (제출하다)

(4) 가: 신발을 신고 _____? (들어가다)
　　나: 아니요. 신발을 벗고 들어오세요.

(5) 가: 다음 주에도 학교에 나와야 합니까?
　　나: 아니요. 학교에 오지 _____. (않다)

(6) 가: 이 바지 _____? (입어 보다)
　　나: 네. 괜찮습니다.

(7) 가: 다리가 아파요. 여기에 잠깐 _____? (앉다)
　　나: 그럼요. 잠시 쉬었다가 가요.

(8) 가: 여기서 사진 _____? (찍다)
　　나: 여기서 사진 찍으면 안 됩니다.

(9) 가: 내일 2시까지 와도 됩니까?
　　나: 환영식이 1시에 시작이니 1시까지 _____. (오다)

(10) 가: 토요일에 너희 자취방에 _____? (놀러 가다)
　　　나: 아니. 주말에 집에 없을 것 같아.

문법 2

-(으)면 안 되다
어떤 행동이나 상태를 금지하거나 제한함을 나타낸다.

> **예** 도서관에서 큰 소리를 **내면 안 된다.**
> 허리가 아플 때 오래 앉아 **있으면 안 된다.**
>
> 가: 이 사과를 먹어도 됩니까?
> 나: 다 익지 않았기 때문에 **먹으면 안 됩니다.**

1 '-(으)면 안 되다'를 사용하여 대화를 완성하십시오.

(1) 가: 여기서 기타 연주를 해도 됩니까?

　　나: 여기서 기타를 ＿＿＿＿＿＿＿＿＿＿. 학생들이 공부를 하고 있어요. (치다)

(2) 가: 시험 볼 때 계산기를 써도 됩니까?

　　나: 계산기를 ＿＿＿＿＿＿＿＿＿＿. 시험지의 빈 칸에 계산하세요. (쓰다)

(3) 가: 파란색 볼펜으로 답안을 작성해도 됩니까?

　　나: 파란색 볼펜을 ＿＿＿＿＿＿＿＿＿＿. 검은색 볼펜만 됩니다. (사용하다)

(4) 가: 수업 시간에 한국어로 말해도 돼요?

　　나: 한국어로 ＿＿＿＿＿＿＿＿＿＿. (말하다)

(5) 가: 이 물 마셔도 돼요?

　　나: ＿＿＿＿＿＿＿＿＿＿. 오래된 물이라 건강에 좋지 않아요. (마시다)

2 그림을 보고 [보기]와 같이 이야기하십시오

(1) 뛰다
(4) 떠들다
(3) 음식을 먹다
(2) 전화하다
[보기] 담배를 피우다

> [보기] 도서관에서 담배를 피우면 안 됩니다.

-겠-

① 미래의 일이나 추측을 나타낸다.

② 주체의 의지를 나타낸다.

예 지금쯤 영화가 **끝났겠어요.**

　가: 제시간에 갈 수 있을까요?
　나: 시간을 보니 조금 **늦겠어요.**

예 모든 어려움을 다 **극복하겠어.**

　가: 밀린 과제 오늘 다 끝낼 수 있어?
　나: 오늘 반드시 다 **끝내겠어.**

1 '-겠-'을 사용하여 대화를 완성하십시오.

(1) 가: 이 떡 맛있을까요?
　　나: 색깔을 보니까 ＿＿＿＿＿＿＿＿. (맛있다)

(2) 가: 오후에 비가 올까요?
　　나: 비가 아니라 눈이 ＿＿＿＿＿＿＿＿. (오다)

(3) 가: 곧 ＿＿＿＿＿＿＿＿. (어두워지다)
　　나: 더 올라가지 말고 이제 내려가자.

(4) 가: 콘서트가 언제 시작할까요?
　　나: 연주자들이 무대로 나오고 있어요. 곧 ＿＿＿＿＿＿＿＿. (시작하다)

(5) 가: 언제 출발하면 늦게 않게 도착할까요?
　　나: 지금 출발하면 영화가 시작하기 전에 ＿＿＿＿＿＿＿＿. (도착하다)

2 보기 와 같이 결심한 것을 쓰십시오.

> 보기 밤에는 라면을 먹지 <u>않겠습니다.</u> (먹지 않다)

(1) 내년에는 꿈을 꼭 ＿＿＿＿＿＿＿＿. (이루다)

(2) 매달 10만 원씩 ＿＿＿＿＿＿＿＿. (저축하다)

(3) 아침에 한 시간씩 달리기를 ＿＿＿＿＿＿＿＿. (하다)

(4) 오늘부터 커피 대신 우유를 ＿＿＿＿＿＿＿＿. (마시다)

(5) 하루에 두 시간 이상 게임을 하지 ＿＿＿＿＿＿＿＿. (않다)

문법 4

-(으)ㄴ/는/(으)ㄹ 것 같다
추측이나 불확실한 단정을 나타낸다.

> **예** 동생이 지금 몹시 **슬픈 것 같아요.**
> 내일 아침 일찍 **출발할 것 같아요.**
>
> 가: 영수는 지금 다른 전화를 받고 **있는 것 같아요.**
> 나: 저에게 전화 왔다고 전해주세요.

1 '(으)ㄴ/는/(으)ㄹ 것 같다'를 사용하여 보기 와 같이 문장을 완성하십시오.

> 보기 링링 / 상을 받다 / 기쁘다 → 링링은 상을 받아서 기쁜 것 같아요.

(1) 미진 / 덥다 / 지치다 → _____.

(2) 양양 / 과제가 많다 / 피곤하다 → _____.

(3) 린펑 / 과식하다 / 배가 아프다 → _____.

(4) 유이 / 합격하다 / 행복하다 → _____.

(5) 링링 / 큰 소리를 듣다 / 놀라다 → _____.

2 알맞은 것을 골라 대화를 완성하십시오.

(1) 가: 민수는 왜 다쳤어요?
　　나: 어제 빙판길에서 (미끄러진 것 같아요 / 미끄러지는 것 같아요 / 미끄러질 것 같아요).

(2) 가: 언제 저녁 식사를 할 거예요?
　　나: 6시쯤 저녁을 (먹은 것 같아요 / 먹는 것 같아요 / 먹을 것 같아요).

(3) 가: 이번 경기에서 누가 이길까요?
　　나: 이번에는 영진이가 (이긴 것 같아요 / 이기는 것 같아요 / 이길 것 같아요).

(4) 가: 흐엉은 PPT를 다 만들었을까요?
　　나: 일요일에 벌써 다 (만든 것 같아요 / 만드는 것 같아요 / 만들 것 같아요).

(5) 가: 수민이가 요즘 잘 안 보여서 걱정이야.
　　나: 학원에서 종일 요리를 (배운 것 같아 / 배우는 것 같아 / 배울 것 같아).

1 잘 읽고 질문에 답하십시오.

나의 시험공부 방법

나는 시험공부를 할 때 우선 하루의 목표를 정한다. 하루에 공부할 양을 미리 정해야 집중력과 의욕이 생긴다. 너무 많은 것을 공부하려고 하면 안 된다. "이만큼을 하루에 다 끝내겠어."라고 생각하면 결국 계획을 포기하게 되기 때문이다.

시험공부를 할 때에는 필기 노트를 많이 활용한다. 수업시간에 선생님이 강조한 내용을 노트에 빠짐없이 기록해 놓는다. 강의를 녹음하는 것도 도움이 많이 된다. 물론 선생님에게 녹음해도 되는지 여쭤봐야 한다. 선생님이 반복해서 말씀하신 내용은 시험에 나올 확률이 높다. 노트에서 중요한 부분에 표시를 하고 시험 전날에 표시된 부분만 공부하면 시간을 절약할 수 있다.

(1) 시험공부를 할 때 가장 중요한 것은 무엇입니까?

　① 건강　　　　　　② 목표　　　　　　③ 잠

(2) 시험공부를 할 때 공부 시간을 절약할 수 있는 방법은 무엇입니까?

　① 학원　　　　　　② 강의 녹음　　　　③ 필기 노트 정리

2 시험공부 방법을 메모해 보고, 후배들에게 시험을 준비하는 방법을 설명하는 글을 써 보십시오.

> 시험공부 방법

합격을 기원하기 위해 주는 선물은?

Q 한국에서는 수능 시험을 보는 날 어떤 선물을 주나요?

A 두루마리 휴지를 주기도 하고, 엿이나 찹쌀떡을 선물로 준비하기도 합니다.

Q 왜 시험을 보는 날 휴지나 엿을 선물로 주나요?

A 문제를 잘 '풀라'라는 의미에서 두루마리 휴지를 주고, 대학에 '붙으'라고 엿과 찹쌀떡을 선물합니다.

Q 일본에서는 시험 합격을 기원하며 어떤 선물을 해요?

A 일본에서는 돈가스를 요리하는데, 이것은 돈가스가 '이기다(勝つ, 카츠)'를 뜻하는 단어와 발음이 비슷하기 때문입니다.

(1) 한국에서는 시험을 보기 전에 어떤 선물을 합니까?

(2) 여러분의 나라에서는 시험을 보기 전에 어떤 선물을 합니까?

06 방학

- 여러분의 기억에 남는 방학은 언제였습니까?

- 여러분은 방학에 어떤 계획이 있습니까?

대화

후엔: 곧 여름방학이네. 방학에 무슨 계획이 있어?

마이클: 이번 학기를 너무 바쁘게 지내서 방학에는 좀 쉬고 싶어. 너는 방학에 뭘 할 거야?

후엔: 나는 어릴 때부터 하던 봉사 활동을 계속할 거야. 대학생이 된 후에는 한 번도 못 했거든.

마이클: 대단한데? 기말고사가 끝난 지 얼마 안 됐는데 방학을 여유롭게 지내고 싶지 않아?

후엔: 나는 대학생이 되고 나서 첫 번째 방학이니까 봉사 활동도 하고, 여행도 하면서 의미 있게 지내고 싶어.

마이클: 다른 친구들은 첫 방학에 뭘 할까?

후엔: 외국어 공부를 하는 친구도 있고 여행을 하는 친구도 있을 것 같아.

마이클: 나도 이번 방학에는 제주도로 여행을 가 볼까?

1 알맞은 것을 골라 문장을 완성하십시오.

> 관심   경험   계획   기억   보람   오래간만

(1) 정말 _____에 가족과 전화 통화를 했어요.

(2) 한국에 와서 가장 _____에 남는 일이 있어요?

(3) 동아리 활동 중에서 _____이/가 있는 일이 있어요?

(4) 이번 일은 저에게 정말 즐거운 _____이었어요/였어요.

(5) 여행을 할 때는 미리 _____을/를 세우는 것이 좋아요.

(6) 봉사활동을 통해 어려운 사람들을 도와줄 수 있어서 _____ 있었어요.

2 알맞은 것을 골라 대화를 완성하십시오.

> 외롭다   편하다   뛰어나다   모자라다   소중하다   자유롭다

(1) 가: 저 사람이 그렇게 유명해요?

　　나: 네, 과학자 중에서 제일 _____ 사람이에요.

(2) 가: 이번 주말에 뭘 할 거예요?

　　나: 집에서 _____ 쉬면서 책을 읽을 거예요.

(3) 가: 우와, 어릴 적 부모님과 찍은 사진이 많네요?

　　나: 네, 저에게는 모두 _____ 추억들이에요.

(4) 가: 방학에도 가족들을 못 보면 _____ 않아요?
　　나: 매일 전화 통화를 해서 괜찮아요.

(5) 가: 도서관에서도 _____ 이야기할 수 있어요?
　　나: 아니요, 공부하는 사람이 있으니까 조용히 해야 해요.

(6) 가: 방학이 되면 좀 덜 바빠요?
　　나: 아니요, 외국어 공부도 하고 취업 준비도 해야 해서 시간이 _____.

문법 1

-게

정도나 방식을 나타낸다.

예 저녁을 **배부르게** 먹었어요.
어제 친구를 만나서 **즐겁게** 지냈어요.

가: 이 과자는 어떻게 먹어요?
나: **차갑게** 얼려서 먹으면 더 맛있어요.

1   알맞은 것을 골라 '-게'를 사용하여 대화를 완성하십시오.

> 크다   싸다   짜다   짧다   무섭다
> 바쁘다   힘들다   간단하다   따뜻하다   재미있다

(1)   가: 영화가 어땠어요?
　　　나: ＿＿＿＿＿＿＿＿ 봤어요.

(2)   가: 방학을 어떻게 지냈어요?
　　　나: 공부도 하고, 여행도 하면서 ＿＿＿＿＿＿＿＿ 지냈어요.

(3)   가: 머리를 어떻게 자를까요?
　　　나: ＿＿＿＿＿＿＿＿ 잘라 주세요.

(4)   가: 왜 그렇게 피곤해 보여요?
　　　나: 어제 너무 ＿＿＿＿＿＿＿＿ 일했거든요.

(5)   가: 신발을 두 켤레나 샀어.
　　　나: 응. 할인을 해서 ＿＿＿＿＿＿＿＿ 샀어.

(6)   가: 내일 날씨가 추울까?
　　　나: 응, 그러니까 옷을 ＿＿＿＿＿＿＿＿ 입어.

(7)   가: 잘 안 들려요. 조금만 더 ＿＿＿＿＿＿＿＿ 이야기해 줄래요?
　　　나: 미안해요. 목이 아파서 큰 소리로 말하기 힘들어요.

(8)   가: 여행 준비물은 다 챙겼어?
　　　나: 응. ＿＿＿＿＿＿＿＿ 옷과 수건만 넣었어.

(9)   가: 국이 싱거워. 거기 있는 소금 좀 줄래?
　　　나: ＿＿＿＿＿＿＿＿ 먹으면 몸에 안 좋은데.

(10) 가: 그 개를 왜 싫어해요?
　　　나: 너무 크고 ＿＿＿＿＿＿＿＿ 생겼거든요.

문법 2

-아/어 보다

동사에 붙어서 과거에 경험하지 않은 어떤 행위를 한번 시도함을 나타낸다.

예 사전에서 그 단어를 **찾아 봤어요.**   가: 발표 자료를 찾을 수가 없어요.
학교 앞 식당에서 김밥을 **먹어 보세요.**   나: 인터넷을 한번 **검색해 보세요.**

1 '-아/어 보세요'를 사용하여 대화를 완성하십시오.

(1) 가: 드럼을 배우고 싶어요.

나: 그래요? 동아리에 _____. (가입하다)

(2) 가: 다친 손가락이 계속 아파요.

나: 그럼 이 약을 _____. (바르다)

(3) 가: 이 신발이 마음에 들어요.

나: 한번 _____. (신다)

(4) 가: 학교 앞에 깨끗하고 큰 방이 있을까요?

나: 부동산에 가서 한번 _____. (묻다)

(5) 가: 밤에 잠이 잘 안 와요.

나: 따뜻한 우유를 _____. (마시다)

2 '-아/어 봤어요'를 사용하여 **보기** 와 같이 이야기하십시오.

	흐엉	링
보기 삼계탕을 먹다	O	X
(1) 동영상을 만들다	O	X
(2) 배낭여행을 하다	X	O
(3) 번지점프를 하다	O	X
(4) 한복을 입다	X	O
(5) 기숙사에서 살다	O	X

> **보기** 가: 흐엉 씨, 삼계탕을 먹어 봤어요?
> 나: 네, 먹어 봤어요. 링 씨는요?
> 가: 저는 아직 못 먹어 봤어요.

-던

① 과거 상황을 회상함을 나타낸다. 여러 번 또는 한동안 계속된 과거의 사건이나 행위 상태를 다시 떠올릴 때 사용한다.

예 동생이 예전에 **쓰던** 모자와 비슷합니다.

가: 이사 간 집은 어때?
나: 응, 전에 **살던** 집보다 더 커.

② 과거의 상황이 완료되지 않았음을 나타낸다. 과거의 사건, 행위, 상태가 완료되지 않고 중단되었음을 나타낸다.

예 어제 **쓰던** 편지를 마저 썼어요.

가: 내가 **먹던** 아이스크림이 어디 갔어?
나: 응? 그거 버렸는데 어떡하지?

1 '-던'을 사용하여 대화를 완성하십시오.

(1) 가: 주말에 뭘 할 거예요?

　　나: 지난주에 ＿＿＿＿＿＿＿ 그림을 완성할 거예요. (그리다)

(2) 가: 오늘 회사에서 야근을 해요?

　　나: 네, ＿＿＿＿＿＿＿ 일을 아직 못 끝내서요. (하다)

(3) 가: 토요일 저녁에 계획이 있어?

　　나: 어제 ＿＿＿＿＿＿＿ 영화를 이어서 보려고 해. (보다)

(4) 가: 내가 아까 ＿＿＿＿＿＿＿ 커피가 어디에 있지? (마시다)

　　나: 식탁 위에 있어.

(5) 가: 방학에 가장 하고 싶은 일이 뭐예요?

　　나: 취미로 ＿＿＿＿＿＿＿ 전통 옷을 마저 만들고 싶어요. (만들다)

2 그림을 보고 '-던'을 사용하여 보기 와 같이 이야기해 보십시오.

(2) 자전거 / 타다
(4) 기타 / 치다
보기 축구화 / 신다
(1) 털모자 / 쓰다
(3) 등산복 / 입다

보기 　가: 이건 뭐예요?　　　나: 작년에 신던 축구화예요.

문법 4

-(으)ㄴ 지

어떤 일을 한 후 시간이 얼마 지났다는 것을 나타낼 때 사용한다.

> 예 밥을 **먹은 지** 두 시간 밖에 안 되었어요.
> 기숙사에서 **산 지** 한 달이 조금 넘었어요.
>
> 가: 재민아, 출발했어?
> 나: 응. **출발한 지** 삼십 분 됐어.

1 '-(으)ㄴ 지'를 사용하여 대화를 완성하십시오.

(1) 가: 그 집을 ＿＿＿＿＿＿＿＿＿ 오래되었어요? (짓다)

　　나: 네, 벌써 이십 년이 되었어요.

(2) 가: 감기에 걸렸군요. 언제부터 열이 났어요?

　　나: 열이 ＿＿＿＿＿＿＿＿＿ 이틀 되었어요. (나다)

(3) 가: 이 가게가 오래 되었어요?

　　나: 네, 가게를 ＿＿＿＿＿＿＿＿＿ 일 년이 넘었어요. (열다)

(4) 가: 그 회사에 얼마나 다녔어요?

　　나: 회사에 ＿＿＿＿＿＿＿＿＿ 육 개월 밖에 안 됐어요. (다니다)

(5) 가: 이 책이 재미있어요?

　　나: 글쎄요. ＿＿＿＿＿＿＿＿＿ 오래돼서 기억이 잘 안 나요. (읽다)

2 '-(으)ㄴ 지'를 사용하여 보기 와 같이 이야기해 보십시오.

한 일	기간	한 일	기간
보기 자격증을 따다	2개월 전	(1) 한국에 오다	1년 전
(2) 입학하다	6개월 전	(3) 태권도를 배우다	10일 전
(4) 동아리 회장을 맡다	한 달 전	(5) 이사하다	일주일 전

> 보기　가: 자격증을 **딴 지** 얼마나 됐어요?
> 　　　나: 네, 자격증을 **딴 지** 2개월 됐어요.

1 잘 듣고 질문에 답하십시오.

(1) 대학생들이 지난해 방학에 제일 많이 한 것은 무엇입니까?

　　① 취업 준비를 한다　　　　② 계절학기 수업을 듣는다　　③ 여행을 하거나 쉰다

(2) 대학생들이 방학에 가장 많이 해 보고 싶은 것은 무엇입니까?

　　① 운동을 한다　　　　　　② 취미 활동을 한다　　　　③ 여행을 하거나 쉰다

2 친구들과 지난 방학, 이번 방학에 대해 이야기하십시오.

이름	지난 방학에 가장 많이 한 일	이번 방학에 가장 하고 싶은 일

젊은이들을 위한 기차 여행

　최근 특별한 여행을 하는 사람들이 많아지고 있습니다. 특별한 기차를 타고 여행하는 사람, 혼자서 자전거를 타고 전국을 여행하는 사람, 배낭을 메고 유명한 길을 걷는 사람, 역사적인 장소를 찾아 순례하는 사람 등 여행자의 모습은 매우 다양합니다.

　기차 여행을 하고 싶다면 한국관광공사에서 운영하는 'Let's Korail' 프로그램을 활용해 보는 것도 좋습니다. 여기에는 요금 할인, 특별 코스 운행 등 다양한 프로그램이 있습니다. 특히 만 34세 이하의 여행객은 자유여행패스 '내일로'를 활용해 저렴하고 편리한 여행을 할 수 있습니다.

(1) 코레일 프로그램 중 이용해 보고 싶은 것이 있습니까?

(2) 여러분의 나라에도 위와 비슷한 여행 프로그램이 있습니까?

07 전공

- 여러분은 무엇을 전공하고 있습니까?

- 그 전공을 선택한 이유는 무엇입니까?

대화

마이클: 너는 전공이 뭐야?

시호: 나는 경제학과인데, 사회복지학을 복수전공하고 있어. 넌?

마이클: 나는 전자공학을 전공하고 있어. 그런데 전공을 두 개나 해?

시호: 어. 나는 졸업하고 UN이나 UNESCO 같은 국제기구에서 일하는 게 꿈이야. 세계 경제에 대해서도 공부하고, 사회복지도 같이 공부하면 도움이 될 것 같아서.

마이클: 멋지다. 그래도 너무 다른 전공을 두 개나 배우면 힘들지 않아?

시호: 좀 힘들 때도 있어. 그런데 나는 경제학이랑 사회복지학이 모두 적성에 잘 맞아서 괜찮은 것 같아.

마이클: 난 영어영문학을 부전공으로 하려고 했다가 포기했어. 영문과 수업을 들어 보니까 그건 적성에 안 맞아서.

시호: 그랬구나. 전자공학을 너무 어려워서 전공을 하나만 하는 것도 힘들 것 같아.

1 어휘의 의미를 찾아서 연결하십시오.

(1) 분야　　•　　　　•　가. 학과를 옮기는 것

(2) 전과　　•　　　　•　나. 어떤 기준에 따라 나눈 범위

(3) 학위　　•　　　　•　다. 어떤 일에 알맞은 소질이나 성격

(4) 적성　　•　　　　•　라. 대학에서 두 개 이상의 전공을 하는 것

(5) 부전공　•　　　　•　마. 대학에서 전공 다음으로 연구하거나 공부하는 것

(6) 복수전공　•　　　•　바. 대학에서 졸업할 때 주는 자격. 학사, 석사, 박사

　　　　　　　　　　　　　　가 있음

2 알맞은 것을 고르십시오.

(1) 우리 학교에 새로운 전공이 (생겼다 / 선택했다).

(2) 전공이 적성에 (맞지 / 살리지) 않는 것 같아서 고민이 많다.

(3) 민혁이는 어느 회사에 갈지 쉽게 (선택하지 / 변경하지) 못했다.

(4) 입시 제도를 자주 (생기는 / 변경하는) 것은 학생들에게 큰 부담을 줄 수 있다.

(5) 고모는 간호학을 전공했지만 전공을 (살리지 / 다양하지) 않고 요리사가 되었다.

(6) 이 지역의 축제는 관광객들에게 (다양한 / 맞는) 볼거리와 먹을거리를 제공한다.

-(으)니까

어떠한 행동의 결과로 새로운 사실을 알게 되었음을 나타낸다.

예 이 음악을 **들으니까** 마음이 편안해진다.
시계를 **보니까** 밤 12시가 다 되어 있었다.

가: 설악산에 다녀왔지요? 어땠어요?
나: 설악산에 **가니까** 정말 아름다웠어요.

1 알맞은 것을 찾아 연결하고 '-(으)니까'를 사용하여 문장을 쓰십시오.

보기 아침 일찍 나오다 •
(1) 동대문 시장에 가다 •
(2) 작년에 산 옷을 입다 •
(3) 여름에 삼계탕을 먹다 •
(4) 저녁에 커피를 마시다 •

• 가. 생각보다 훨씬 더 혼잡했다
• 나. 밤에 잠이 안 와서 힘들었다
• 다. 유행이 지나 촌스러워 보인다
• 라. 상쾌한 아침 바람을 맞아 기분이 좋다
• 마. 국물이 뜨거웠지만 시원하게 느껴졌다

보기 *아침 일찍 나오니까 상쾌한 아침 바람을 맞아 기분이 좋다.*

(1) _____

(2) _____

(3) _____

(4) _____

2 '-(으)니까'를 사용하여 보기 와 같이 한국 생활에 대해 이야기하십시오.

경험	새로 알게 된 것
보기 한국어를 배우다	처음에는 쉬웠는데 배울수록 어렵다
(1) 한국 음식을 먹다	생각보다 매운 음식이 많다
(2) 한국 방송을 보다	듣기와 말하기 실력이 좋아졌다
(3) 한국에서 혼자 살다	재밌기도 하지만 가끔은 너무 외롭기도 하다
(4) 한국 친구를 사귀다	한국인의 정을 느낄 수 있어서 좋다
(5) 한국 대학에 유학 오다	생각보다 전공 공부가 어려워서 힘들다

보기 가: 한국어를 배우니까 어때요?
나: 한국어를 배워 보니까 처음에는 쉬웠는데 배울수록 어려워요.

문법 2

-다

현재 사건이나 사실을 서술함을 나타낸다.

예 이곳은 분위기가 **좋다.**　　　　　　　　　　어제는 계속 비가 **왔다.**
지금 아이들이 모여 앉아 간식을 **먹는다.**　　내일은 강한 바람이 **불 것이다.**

1 말한 내용을 보기와 같이 '-다'를 사용해 글로 바꿔 쓰십시오.

> 보기 "보통 1학년 때 동아리에 가입합니다." → <u>보통 1학년 때 동아리에 가입한다.</u>

(1) "오늘 5시에 신입생 오리엔테이션이 있을 것입니다."
　　→ _____
(2) "어제 저녁에 비가 많이 내렸어요."
　　→ _____
(3) "신입생들은 교양 수업을 많이 듣습니다."
　　→ _____
(4) "학생들에게 인기가 많은 전공은 시대에 따라 다릅니다."
　　→ _____

2 빈칸에 들어갈 문장의 순서를 맞게 쓰십시오.

한국어와 베트남어는 차이점이 많아서 한국어를 처음 배울 때 어려운 점이 있다.

베트남어에는 이런 표현이 없어서 _____

_____

_____ 특히 '이/가'

와 '은/는'을 구분해서 쓰는 것을 어려워한다.

> (1) 그래서 베트남 학생들에게 한국어 억양은 어렵다.
> (2) 그래서 이런 표현을 정확하게 사용하기 어려워 한다.
> (3) 먼저 한국어에는 성조가 없지만 베트남어에는 성조가 있다.
> (4) 또 한국어에는 '은/는, 이/가' 같은 표현이 있다.

-(으)ㄴ/는데

배경이나 상황 제시를 나타낸다.

예 요즘 한국어를 **배우는데** 정말 재미있어요.　　가: 나는 이 옷이 **좋은데** 넌 어때?
　　책을 한 권 **읽었는데** 내용이 너무 감동적이었다.　나: 난 그것보다는 옆에 있는 옷이 더 나은 것 같아.

1 '-(으)ㄴ/는데'를 사용하여 문장을 완성하십시오.

(1) 이 사람은 어릴 때부터 ＿＿＿＿＿＿＿＿ 내일 유학을 떠난다. (친구이다)

(2) 어제 백화점에서 바지를 한 벌 ＿＿＿＿＿＿＿＿ 마음에 안 든다. (샀다)

(3) 나는 운동을 모두 ＿＿＿＿＿＿＿＿ 특히 축구를 제일 좋아한다. (좋아하다)

(4) 내일 중요한 시험을 ＿＿＿＿＿＿＿＿ 너무 졸려서 공부가 안 된다. (보다)

(5) 학생은 ＿＿＿＿＿＿＿＿ 교실이 작아서 수업 시간에 가끔 답답하다. (많다)

2 '-(으)ㄴ/는데'를 사용하여 보기 와 같이 이야기해 보십시오.

전공 관련 내용	설명
(1) A 교수님은 미국인이다	영어로 수업을 하고, 가끔 한국어로도 수업을 하신다
(2) B 교수님의 강의는 어렵다	열심히 하면 많은 것을 배울 수 있다
(3) 학과 사무실이 2층에 있었다	지난 방학에 3층으로 옮겼다
(4) 이 전공과목은 수강생이 많다	토론도 자주 하고 발표 순서도 자주 돌아온다
(5) 학과 동아리에서 신입생을 뽑다	인기가 많은 동아리라 경쟁이 치열할 것이다

> 보기　가: 선배, A 교수님이 미국인이에요?
> 　　나: 응, 미국인인데 영어로 수업을 하고, 가끔 한국어로도 수업을 하셔.

문법 4

-다가
　어떤 행동이나 상태 등이 중단되고 다른 행동이나 상태로 바뀜을 나타낸다.

예 나는 일기를 **쓰다가** 생각에 잠겼다.
　어제 숙제를 **하다가** 잠이 들어 버렸어요.

-았/었다가
　어떤 행동이나 상태 등이 완료된 이후 다른 행동이나 상태로 바뀜을 나타낸다.

예 가: 제주도에 안 갔어?
　나: 제주도에 **여행갔다가** 어제 돌아왔어.

1　그림을 보고 맞는 것을 고르십시오.

(1) 가: 나 이 주스 마셔도 돼?
　나: 안 돼. 나도 (마시다가 / 마셨다가) 상한 것 같아서 뱉었거든.

(2) 가: 어? 그 옷 안 입을 거야?
　나: 응, 언니 옷을 (입다가 / 입었다가) 안 어울리는 것 같아서 벗었어.

(3) 가: 너 아직 버스도 안 탔어?
　나: 어. 미안. 아까 버스를 (타다가 / 탔다가) 카드를 안 가져와서 다시 내렸어. 빨리 갈게.

(4) 가: 여자친구에게 편지 줬어요?
　나: 아직요. 어젯밤에도 편지를 (쓰다가 / 썼다가) 내용이 마음에 안 들어서 지워버렸어요.

(5) 가: 오늘 왜 지각했어요?
　나: 아, 아침에 정말 정신이 없었어요. 책을 놓고 와서 집으로 (되돌아가다가 / 되돌아갔다가) 학교로 다시 왔거든요.

2　'-다가, -았/었다가' 중 알맞은 것을 골라 글을 완성하십시오.

　드디어 시험이 끝나고 오늘부터 방학이다. 생각해보면 지난 학기에는 정말 많은 일이 있었다. 학기 초에 농구 동아리에 (1) _____ 그만두었다. 농구장에서
(가입하다)
(2) _____ 다리를 다쳐서 며칠 동안 입원했기 때문이다. 치료를 하러 병원에
(뛰다)
(3) _____ 길에서 이상형을 만났다. 그래서 바로 (4) _____ 거절을 당했다.
(가다)　　　　　　　　　　　　　　　　　　　　　　　　　(고백하다)
시험 전날인 어제는 도서관에서 공부를 (5) _____ 잠이 들어서 학기 마지막 날인 오
(하다)
늘 지각을 하기도 했다. 그래도 한 학기가 끝났으니까 즐거운 마음으로 방학을 맞아야겠다.

1 잘 읽고 질문에 답하십시오.

나는 국어국문학을 전공하고 있다. 국어국문학과에서는 국어학과 고전문학, 현대문학을 공부할 수 있다. 국어학은 한국어의 소리와 문법 등을 연구하는 학문이다. 고전문학은 과거의 문학 작품을, 현대문학은 현대의 시, 소설 등을 공부하는 학문이다.

졸업 후에는 대학원에 진학할 수 있고, 작가, 비평가, 교사, 기자 등이 될 수 있다. 출판사나 광고사, 잡지사 등에 취직하는 사람도 많다. 나는 고등학생 때 문학을 좋아해서 국문과에 진학했는데, 대학에서 여러 강의를 들어 보니까 문학보다 국어학이 더 재미있는 것 같다. 그래서 졸업 후 국어학을 더 공부하려고 대학원에 진학할 것이 한다.

(1) 이 글의 제목으로 적절한 것은 무엇입니까?

① 국어국문학의 미래   ② 나의 전공, 국어국문학   ③ 고전문학과 현대문학 비교

(2) 글쓴이에 대한 내용으로 맞는 것은 무엇입니까?

① 이 사람은 졸업 후 교사나 기자를 꿈꾼다.
② 이 사람은 고등학생 때부터 어학을 좋아했다.
③ 이 사람은 졸업 후 국어학을 더 공부하고 싶어 한다.

2 다음 표에 메모해 보고, 여러분의 전공을 설명하는 글을 쓰십시오.

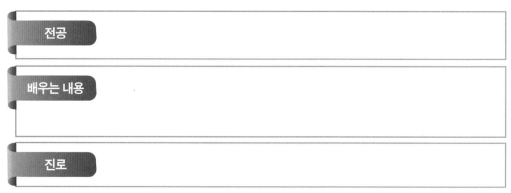

전공	
배우는 내용	
진로	

대학 생활 알아보기

전공을 바꿀 수 있다고?

Q 전공이 적성에 맞지 않는데 바꿀 수 있나요?

A 물론입니다. 전공을 바꾸는 것을 전과라고 하는데, 학교마다 규정이 약간씩 다르지만 가능합니다.

Q 전과를 하려면 어떻게 해야 하나요?

A 입학한 첫 학기에는 어렵고, 학교를 1년 정도 다닌 후부터 신청할 수 있습니다. 전과를 희망하는 학생이 많을 경우 성적이 높은 사람이 유리합니다. 자세한 일정과 절차는 학사팀에 문의해야 합니다.

Q 전과를 하기 전에 그 학과의 수업을 미리 들어볼 수 있나요?

A 몇몇 학과를 제외하고는 미리 들어볼 수 있습니다. 그 학과에서는 무엇을 배우는지, 학과 분위기는 어떤지 알아보기 위해서 가고 싶은 학과의 강의를 들어보는 것도 좋습니다.

(1) 여러분의 학교에서는 전과를 하려면 어떻게 해야 합니까?

(2) 여러분 나라에도 전과 제도가 있습니까? 전공을 바꾸기 위해서 어떠한 절차를 거쳐야 합니까?

08 과제

- 여러분은 과제를 할 때 무엇이 제일 어렵습니까?

- 여러분은 과제가 어려울 때 어떻게 해결합니까?

대화

민아: 다음 주에 우리 조가 발표하는 거 너도 알지?

자말: 응. 한국 문화에 대해서 조사하게 하셨잖아.

민아: 우리 어떻게 준비할까?

자말: 먼저 서로 할 일을 나누고 같이 발표 계획을 세우자.

민아: 네가 발표를 할래?

자말: 난 발표는 어려운 것 같아. 연습을 해도 발음이 어려워서 자꾸 틀려.

민아: 그럼. 발표 준비를 맡는 게 어때?

자말: 응. 발표 자료는 잘 만들 수 있어.

어휘

1 알맞은 것를 골라 대화를 완성하십시오. .

| 가끔 | 매주 | 밤새 | 자료 | 제목 | 그대로 |

(1) 가: 제주도에도 겨울에 눈이 와요?
    나: 네, 아주 _____ 눈이 내려요.

(2) 가: 왜 그렇게 피곤해 보여요?
    나: _____ 아파서 잠을 자지 못했어요.

(3) 가: 친구들과 언제 모이기로 했어요?
    나: _____ 수요일 수업 후에 만나기로 했어요.

(4) 가: 인터넷의 자료를 과제에 사용해도 돼요?
    나: 네, 그렇지만 내용을 _____ 쓰면 안 돼요.

(5) 가: 주말에도 도서관에 나와요?
    나: 네, 과제에 필요한 _____을/를 찾아야 해서요.

(6) 가: 주말에 만나면 어떤 영화를 볼까요?
    나: 보고 싶은 영화가 있는데 _____이/가 생각나지 않아요.

2 보기 와 같이 알맞은 것을 골라 문장을 완성하십시오.

| 밝히다 | 지키다 | 검색하다 | 검토하다 | 참고하다 | 확인하다 |

※ 과제를 할 때 알아두면 좋아요!

보기 과제를 하기 전에 먼저 필요한 정보를 검색하세요.

(1) 과제를 할 때는 믿을 수 있는 자료를 _____.

(2) 다 한 후에는 맞춤법이 맞는지 한 번 더 _____.

(3) 과제에 다른 사람의 글을 인용할 때는 출처를 _____.

(4) 과제에 자신의 이름과 학번을 정확하게 썼는지 _____.

(5) 과제를 제출할 때는 마감 기한을 반드시 _____.

-(으)ㄹ 만하다

앞의 말이 나타내는 행동을 할 가치가 있음을 나타낸다.

> 예 가을에는 단풍이 예쁜 덕수궁에 **가 볼 만하다.**　　가: 한국 음식을 좋아해요?
> 　그는 성실하고 **믿을 만한** 사람이다.　　　　나: 잘 못 먹지만 김치찌개는 **먹을 만한** 것 같아요.

1 알맞은 것을 골라 '-(으)ㄹ 만하다'를 사용하여 대화를 완성하십시오.

> | 듣다 | 보다 | 쓰다 | 입다 | 읽다 |
> | 참다 | 하다 | 드시다 | 배우다 | 지내다 |

(1) 가: 심심할 때 ＿＿＿＿＿＿＿ 노래가 있어요?
　나: 이 음악을 들어보세요.

(2) 가: 그 영화가 재미있어요?
　나: 조금 무섭지만 ＿＿＿＿＿＿＿.

(3) 가: 머리가 많이 아파요?
　나: 조금 아프지만 ＿＿＿＿＿＿＿.

(4) 가: 기숙사에 냉장고도 있어요?
　나: 네, 작기는 하지만 꽤 ＿＿＿＿＿＿＿.

(5) 가: 어제 산 바지가 잘 맞아요?
　나: 허리가 약간 크지만 ＿＿＿＿＿＿＿.

(6) 가: 이사 간 집은 어때요?
　나: 방이 크지는 않지만 깨끗해서 ＿＿＿＿＿＿＿.

(7) 가: 내가 쉽게 ＿＿＿＿＿＿＿ 악기가 있을까?
　나: 피아노를 배워 보면 어때?

(8) 가: 아침에 ＿＿＿＿＿＿＿ 운동이 뭐가 있을까?
　나: 필라테스나 요가를 배워 보는 건 어때?

(9) 가: 한국의 역사를 알고 싶은데 어떤 책이 좋을까요?
　나: 이 책이 쉽게 잘 설명해줘서 ＿＿＿＿＿＿＿ 거예요.

(10) 가: 할아버지께서 이가 아프신데, ＿＿＿＿＿＿＿ 음식이 있을까요?
　나: 그럴 때는 부드러운 죽이 제일 좋아요.

문법 2

-게 하다

다른 사람에게 어떤 일이나 행위를 시키거나 허용함을 나타낸다.

예 아이에게 반찬을 골고루 먹게 한다.　　　　　가: 방이 참 깨끗하네요.
　　선생님이 지수에게 책을 읽게 하셨다.　　　　나: 부모님께서 방을 스스로 **치우게** 하셨어요.

1 '-게 하다'를 사용하여 보기 와 같이 문장을 쓰십시오.

> 보기 　나는 한국에 오기 전에 매일 한국 뉴스를 들었어요.
> 　　　→ 선생님께서 한국에 오기 전에 나에게 매일 한국 뉴스를 듣게 했어요.

(1) 박물관에서는 관람객이 사진을 못 찍어요.

　　→ 박물관에서는 관람객에게 _____.

(2) 다리를 다친 환자가 물리치료를 받았어요.

　　→ 병원에서는 다리를 다친 환자에게 _____

(3) 감기에 걸린 동생이 따뜻한 옷을 입었어요.

　　→ 엄마가 감기에 걸린 동생에 _____.

(4) 수업 시간에는 학생들이 휴대폰을 사용하지 못해요.

　　→ 수업 시간에는 학생들에게 _____.

(5) 어렸을 때 몸이 약해서 부모님의 마음이 아팠어요.

　　→ 나는 어렸을 때 몸이 약해서 _____.

(6) 나는 어려서부터 용돈을 아껴서 썼어요.

　　→ 부모님께서는 나에게 _____.

(7) 음악 시간마다 다른 곡을 연주했어요.

　　→ 피아노 선생님께서 음악 시간마다 _____.

(8) 우리 학교에서는 학생들이 졸업할 때 한복을 입어요.

　　→ 우리 학교에서는 학생들에게 졸업할 때 _____.

(9) 우리는 수영을 하기 전에 항상 준비 운동을 했어요.

　　→ 수영 코치는 우리에게 수영을 하기 전에 항상 _____.

(10) 비행기 탑승객은 20kg이 넘는 가방을 부치지 못해요.

　　→ 항공사에서는 비행기 탑승객에게 20kg이 넘는 _____.

-아/어도

사실이나 가정에 대한 기대가 어긋남을 나타낸다.

예 아무리 **찾아도** 가방이 없다.
약을 **먹어도** 감기가 낫지 않는다.

가: 내일 비가 **와도** 축구 경기를 하겠지?
나: 응, 아마 그럴 거야.

1 '-아/어도'를 사용하여 대화를 완성하십시오.

(1) 가: 부모님께서 보내주신 용돈이 충분해요?

　　나: 아니요, 아무리 아껴서 _____ 모자라요. (쓰다)

(2) 가: 이렇게 추운 날씨에도 자전거를 타세요?

　　나: 네, 저는 아무리 _____ 자전거를 타요. (춥다)

(3) 가: 강아지가 여기에 있어요?

　　나: 네, 그런데 아무리 _____ 대답을 안 하네요. (부르다)

(4) 가: 피곤해 보여요. 어제 잠을 못 잤어요?

　　나: 네, 오늘 오후에 시험이라서 _____ 잘 수 없었어요. (졸리다)

(5) 가: 두 시간 뒤에 친구와 약속이 있는데 아직 출발도 못 했어요.

　　나: 괜찮아요. 지금 _____ 늦지 않을 거예요. (가다)

2 **보기** 와 같이 '-아/어도'를 사용하여 이야기하십시오.

어려운 상황	반드시 하는 일	어려운 상황	반드시 하는 일
보기 바쁘다	아침밥을 꼭 먹다	(1) 어렵다	포기하지 않다
(2) 밤을 새서 피곤하다	다음날 쉬지 않다	(3) 과제 때문에 시간이 없다	신문을 꼭 읽다
(4) 겨울이 되다	올해는 눈이 오지 않다	(5) 몸이 아프다	밝은 목소리로 부모님께 전화하다

> **보기** 저는 아무리 바빠도 아침밥을 꼭 먹어요.

사동사

다른 사람에게 어떤 일을 하게 하는 것을 나타낸다. '-이-', '-히-', '-리-', '-기', '-우-'를 붙여서 표현한다.

p.108 사동사표 참조

예 더워서 땀을 **흘렸다**.
책에 메모지를 **붙였다**.

가: 마당에 예쁜 꽃이 많이 있네요?
나: 네, 모두 할아버지께서 **키우셨어요**.

1 알맞은 것을 골라 대화를 완성하십시오.

| 날리다 맞히다 붙이다 세우다 울리다 |

(1) 가: 회원 모집 공고문을 어디에 _____?
나: 강의실 뒤 게시판이 좋겠어.

(2) 가: 교수님이 내신 문제의 정답을 _____?
나: 네, 생각보다 쉬웠어요.

(3) 가: 엄마한테 왜 혼났어요?
나: 제가 동생을 _____ 엄마가 화가 나셨어요.

(4) 가: 어떻게 하면 종이비행기를 잘 _____ 수 있어요?
나: 위를 향해 던지면 멀리까지 날아가요.

(5) 가: 여름방학에 무슨 계획이 있어요?
나: 바다가 있는 나라로 여행을 갈 계획을 _____.

2 알맞은 것을 고르십시오.

오늘은 누나가 나에게 조카를 (1) (맡고 / 맡기고) 회사에 갔다. 나는 조카와 축구를 하기로 했다. 먼저 조카의 옷을 운동복으로 갈아 (2) (입고 / 입히고) 신발도 축구화로 바꾸어 (3) (신었다 / 신겼다). 그리고 조카를 차에 (4) (타서 / 태워서) 공원으로 갔다. 조카와 나는 신나게 축구를 했다. 조카가 땀을 많이 흘려서 샤워장에 가서 조카를 (5) (씻었다 / 씻겼다).

듣고 말하기

1 잘 듣고 질문에 답하십시오.

(1) 대화 뒤 윤호는 무엇을 하려고 합니까?

① 집에서 공부한다   ② 선배에게 연락한다   ③ 인터넷을 검색한다

(2) 들은 내용과 같은 것은 무엇입니까?

① 내일 중간시험이 있다.

② 윤호는 지난 학기에 A+를 받았다.

③ 윤호는 도서관에서 과제를 준비하려고 한다

2 좋은 성적을 받기 위한 방법에 대해 이야기하십시오.

질문	대답
(1) 점수가 잘 안 나온 과목은 무엇입니까?	
(2) 점수가 잘 안 나온 이유는 무엇입니까?	
(3) 만약 재수강을 한다면, 점수를 잘 받기 위해서 어떻게 하고 싶습니까?	

대학 생활 알아보기

조별 과제가 어려워?

최근 같은 수업을 듣는 학생 몇 명이 함께 공통의 과제를 수행하는 조별 과제 때문에 고민하는 학생들이 많아졌어요. 혼자 하면 쉬울 과제를 여럿이 하니까 시간도 안 맞고, 조원들의 생각도 달라서 과제를 함께 하기 어려울 때도 있기 때문이에요.

조별 과제에서 좋은 점수를 받으려면 조원과의 협력이 가장 중요해요. 조원들끼리 과제에 대해 대화를 충분히 하고, 각자의 역할을 합리적으로 나누어야 해요. 또, 과제를 하는 중에도 자주 만나서 진행되는 과제를 검토하고 수정하는 시간을 가져야 해요. 이때 조원들 간의 의견 대립을 줄이고 관계를 좋게 하는 대화 방법이 필요해요. 서로 의견이 다른 부분이나 부족한 부분을 지적하고 불평하는 것보다는 문제를 해결할 수 있는 대안을 중심으로 대화를 하는 것이 좋아요. 서로 시간을 맞추기 힘들 때도 조원 모두를 위해 양보하고 배려하는 마음이 필요해요.

(1) 여러분은 조별과제를 할 때 무엇이 제일 중요하다고 생각합니까?

(2) 조원 사이에 의견 차이가 있을 때, 여러분은 어떻게 갈등을 극복합니까?

09 직업

- 여러분은 어떤 직업을 갖고 싶습니까?

- 그 직업을 위해 어떤 노력을 해야 합니까?

대화

윤호: 인턴을 하고 왔다면서? 어땠는지 궁금했어.

후엔: 나는 원고를 쓰는 기자보다 내용을 말로 전달하는 아나운서 쪽에 관심이 갔어.

윤호: 역시 뭐든지 경험을 해 봐야 자기가 정말로 좋아하는 게 뭔지 알게 되나 봐.

후엔: 좋아하는 것을 잘 찾고 그것과 관련이 있는 직업을 선택해야 좋을 것 같아.

윤호: 선배들이 어떤 일에 익숙해지고 잘 하게 되려면 인턴을 하면서 적성에 맞는 걸 찾아 보라고 했어.

후엔: 그 말이 정말 맞는 것 같아. 이번 방학에도 여기저기에서 인턴 모집을 하던데.

윤호: 음, 이번 여름 방학에는 꼭 신청해야지. 은행이나 공공기관에서 해 보고 싶어.

후엔: 그래. 나도 정보를 얻게 되면 알려 줄게.

어휘

1 아래 직업에 대해 알아보십시오.

(사)
상담사, 영양사, 세무사, 법무사, 의사,
변호사, 간호사, 검사, 판사, 미용사, 약사,
교사, 조종사, 조리사, 직접상담사,
물리치료사, 사회복지사 등

(원)
공무원, 회사원, 은행원, 상담원, 승무원,
안내원, 지리학연구원, 수리원 등

(자)
광고기획자, 자영업자, 과학자, 기술자,
기자 등

(가)
화가, 조각가, 여행가, 역사가, 해설가,
발명가, 연출가, 만화가, 무용가,
사진 작가, 성악가, 연주가, 극작가,
드라마작가, 번역가, 통역가 등

2 알맞은 것을 골라 문장을 완성하십시오.

> 경력   야근   직종   정하다   운영하다   집중되다

(1) 기업을 정직하게 _____ 것은 중요한 일이다.

(2) 요즘 대학생들의 관심은 취업 문제에 _____ 있다.

(3) 바쁠 때는 가장 중요한 것을 _____ 그 일부터 하는 것이 좋다.

(4) 가끔 _____ 을/를 할 때가 있었지만 요즘은 정시에 퇴근하고 있다.

(5) 그 사람은 _____ 이/가 화려해서 여러 회사에서 원하는 인물이다.

(6) 변화의 속도가 빠른 요즘에는 평생 같은 _____ 에서 일하는 경우가 많지 않다.

문법 1

보다

비교되는 대상임을 나타낸다.

예 영어**보다** 한국어가 재미있어요.

가: 준호 씨는 운동을 잘해요?
나: 아니요, 생각**보다** 운동을 잘 못 해요.

에 비해(에 비하여)

비교의 대상 또는 기준을 나타낸다.

예 이 컴퓨터는 **성능에 비하여** 가격이 저렴하다.

가: 카이 씨 고향은 여름에 덥지 않아요?
나: 제 고향은 한국**에 비해** 여름이 덥지 않아요.

1 보기 와 같이 '보다'를 사용하여 문장을 쓰십시오.

> 보기 우유 < 커피 / 좋아하다 → 우유보다 커피를 좋아한다.

(1) 가을 < 겨울 / 춥다 → _____

(2) 수학 > 영어 / 잘하다 → _____

(3) 공부 < 운동 / 좋아하다 → _____

(4) 농구 > 축구 / 재미있다 → _____

(5) 불고기 < 비빔밥 / 맛있다 → _____

2 '에 비해'를 사용하여 대화를 완성하십시오.

(1) 가: 이번 시험에서 무슨 과목이 어려웠어요?

　　나: _____ 쓰기가 어려웠어요. (다른과목)

(2) 가: 산이 좋아요, 바다가 좋아요?

　　나: 수영을 좋아해서 _____ 바다가 좋아요. (산)

(3) 가: 저는 전주 여행이 정말 재미있고 좋았어요.

　　나: 그래요? 저는 _____ 경주가 더 아름다운 것 같아요. (전주)

(4) 가: 운동화를 자주 신네요?

　　나: _____ 운동화가 편해서요. (구두)

(5) 가: 마이클 씨가 30살이에요?

　　나: 네. _____ 젊어보이지요? (나이)

문법 2

> **-아/어지다**
> ① 형용사에 붙어 앞에 오는 말이 나타내는 상태로 점점 되어 감을 나타낸다.
>
> 예 지난주부터 날씨가 **따뜻해졌어요.**
>
> 가: 시험이 끝나서 시간이 **많아졌어.**
> 나: 내일 바다 보러 갈까?
>
> ② 동사에 붙어 앞에 오는 말이 나타내는 행동을 남이나 다른 힘에 의해 당함을 나타낸다.
>
> 예 이 건물은 30년 전에 **지어졌다.**
>
> 가: 저 동상은 오래된 것인가요?
> 나: 작년에 **만들어졌어요.**

1 알맞은 것을 골라 '-아/어지다'를 사용하여 문장을 완성하십시오.

> 춥다   느리다   바쁘다   깨끗하다   우울하다

(1) 날씨가 어제보다 훨씬 _____.

(2) 그 아이의 눈빛에서 슬픔이 _____.

(3) 두 시간 동안 청소를 하고 나니 방이 _____.

(4) 새로 산 시계가 어제부터 아무 이유 없이 _____.

(5) 주말에 아르바이트를 두 개나 더 하게 되어 갑자기 _____.

2 '-아/어지다'를 사용하여 대화를 완성하십시오.

(1) 가: 갑자기 방에 불이 _____. (끄다)
　　나: 그러게요. 정전인 것 같아요.

(2) 가: 이번 학기 기말시험 날짜가 _____? (정하다)
　　나: 저도 잘 모르겠습니다.

(3) 가: 고기가 다 _____. 식기 전에 어서 드세요. (굽다)
　　나: 잘 먹겠습니다.

(4) 가: 어제 비가 많이 왔는데 피해는 없었습니까?
　　나: 바람이 심하게 불어 창문이 _____. (깨다)

(5) 가: 치약을 사용하니 바지에 묻은 얼룩이 잘 _____. (지우다)
　　나: 치약이 그런 효과가 있군요.

간접인용 1 다른 사람이 한 말을 옮겨 쓸 때 사용한다.

형태	예문	
-다고 하다 -ㄴ/는다고 하다	영수 씨가 **아프다고 한다**.	다음 주에 시험을 **본다고 한다**.
-았/었다고 하다	어제는 날씨가 **추웠다고 한다**.	자전거를 타다가 **다쳤다고 한다**.
-(으)ㄹ 거라고 하다	겨울 방학에 스키를 **배울 거라고 한다**.	주말에는 백화점에 사람이 **많을 거라고 한다**.
-(이)라고 하다	한국에서 제일 큰 **가게라고 한다**.	결혼식이나 명절에 입는 **한복이라고 한다**.

1 보기 와 같이 들은 내용을 친구에게 전달하십시오.

> 보기 흐엉 : "어제 간 식당이 깨끗하고 좋았어요."
> → 흐엉 씨가 어제 간 식당이 깨끗하고 좋았다고 했어요.

(1) 미연 : "지난 방학에 여행을 다녀왔어요."
　　→ 미연 씨가 ＿＿＿＿＿＿＿＿＿＿＿＿＿＿＿.

(2) 드라마 여자 주인공 : "연기가 어렵지만 재미있었어요"
　　→ 드라마 여주인공이 ＿＿＿＿＿＿＿＿＿＿＿＿＿.

(3) 동아리 후배 : "어제는 아르바이트 때문에 바빴어요."
　　→ 동아리 후배가 ＿＿＿＿＿＿＿＿＿＿＿＿＿.

(4) 일기예보 : "오늘은 미세먼지가 많습니다."
　　→ 일기예보에 따르면 ＿＿＿＿＿＿＿＿＿＿＿＿＿.

(5) 형 : "지금 텔레비전에서 축구 경기를 하고 있어."
　　→ 형이 ＿＿＿＿＿＿＿＿＿＿＿＿＿.

(6) 문화해설사 : "이곳이 한국에서 제일 오래된 절이에요."
　　→ 문화해설사가 ＿＿＿＿＿＿＿＿＿＿＿＿＿.

(7) 아버지 : "내일은 우리 가족 모두 할머니 댁에 갈 거야."
　　→ 아버지께서 ＿＿＿＿＿＿＿＿＿＿＿＿＿.

(8) 뉴스 아나운서 : "어제 강원도 설악산에 올해 첫눈이 내렸습니다."
　　→ 뉴스에서 아나운서가 ＿＿＿＿＿＿＿＿＿＿＿＿＿.

(9) 점원 : "이게 새로 들어온 축구화예요." → 점원이 ＿＿＿＿＿＿＿＿＿＿＿＿＿.

(10) 철수 : "내일 시험이 어려울 거예요." → 철수 씨가 ＿＿＿＿＿＿＿＿＿＿＿＿＿.

문법 4

간접인용 2

형태	예문
-(으)라고 하다	어머니께서 동생에게 장난감을 **돌려주라고 하셨다**. 교수님께서 수업 시간에 사전을 가지고 **오라고 하셨다**.
-냐고 하다	선배가 내일 학교에 **나올 거냐고 했다**. 친구가 나에게 방학에 무엇을 할 **거냐고 했다**.
-자고 하다	동생이 이번 주말에 산에 함께 **가자고 했다**. 친구가 다음 학기에 같은 과목을 **신청하자고 했다**.

1 보기 와 같이 들은 내용을 친구에게 전달하십시오.

> 보기 재호: "주말에 뭘 할거야?"
>   재호 씨가 주말에 뭘 할거냐고 했어요.

(1) 후안 : "어디에 가요?"
→ 후안이 _____ .

(2) 의사 : "찬물을 마시지 마세요."
→ 의사가 _____ .

(3) 손님 : "다른 색깔의 옷을 보여주세요."
→ 손님이 _____ .

(4) 동생 : "내일 아침에 일찍 깨워 줘."
→ 동생이 _____ .

(5) 친구 : " 수업 끝나고 같이 밥 먹자"
→ 친구가 _____ .

(6) 어머니 : "언제 집에 올 수 있니?"
→ 어머니께서 _____ .

(7) 고향 친구 : "한국에 갈 때 나도 같이 가자."
→ 친구가 _____ .

(8) 학교 선배 : "우리 학교에 어떻게 오게 됐어?"
→ 선배가 _____ .

(9) 교수님 : "다음 주까지 발표를 준비하세요."
→ 교수님께서 _____ .

(10) 형 : "내일부터 같이 나가서 운동을 하자."
→ 형이 _____ .

읽고 쓰기

1 잘 읽고 질문에 답하십시오.

화이트 해커

현대 사회는 기업과 은행뿐만 아니라 다양한 업무 분야에서 IT 기술이 사용되고 있다. 그런데 IT 기술을 사용하는 프로그램에는 개인과 회사의 중요한 정보가 매우 많이 포함되어 있다. 따라서 중요한 정보를 지키는 보안능력이 매우 중요한 업무가 되었다. 정보가 안전하게 보호될 때 편리하고 안전하게 사용할 수 있기 때문이다.

화이트 해커는 인터넷 전산망에 침입해서 회사, 혹은 다른 사람의 정보를 가져가거나 컴퓨터 시스템을 파괴하는 블랙 해커의 공격을 예방하는 사람이다. 현재는 블랙 해커에 비해 화이트 해커의 숫자가 훨씬 적다. 그래서 앞으로는 지금보다 훨씬 더 많은 화이트 해커들이 필요할 것이라고 한다.

(1) 화이트 해커는 무엇을 하는 사람입니까?

① 다른 사람의 정보를 가져가는 사람　　② 컴퓨터 프로그램을 만드는 사람
③ 블랙 해커의 공격을 예방하는 사람

(2) 읽은 내용과 <u>다른</u> 것은 무엇입니까?

① 화이트 해커의 수가 블랙 해커보다 많다.
② 정보를 지키는 보안 능력이 매우 중요하다.
③ IT 기술을 사용하는 프로그램에는 중요한 정보가 들어있다.

2 미래에 유망한 직업에 대한 글을 쓰십시오.

> 유망한 직업과 이유

공기업에 인턴 사원 제도가 있다고?

최근 공기업의 인턴 제도가 확대되고 있다. 인턴 제도는 취업준비생과 기업 모두에게 도움이 된다. 인턴 제도를 통해 취업준비생은 자신에게 맞는 취업 분야를 찾고 업무 경험을 쌓을 수 있다. 또 기업에서는 회사에 필요한 업무 능력을 갖춘 사원을 선발할 수 있다.

공기업에서 제공하는 청년 인턴 제도는 지원율이 매우 높다. 특히 금융감독원, 주택금융공사, 한국자산관리공사와 수출입은행 등 금융 계열의 공기업은 직무 환경이 좋고 임금이 높아서 취업준비생에게 인기가 많다. 해외 근무의 기회가 있는 코트라(KOTRA, 대한투자무역진흥공사)도 인기가 많다.

(1) 인턴 제도를 통해 무엇을 배울 수 있습니까?

(2) 여러분은 어울리는 직업을 찾기 위해 어떤 인턴에 지원하고 싶습니까?

10졸업

· 졸업을 하면 무엇을 하고 싶습니까?

· 미래의 직업을 위해 무엇을 준비하고 있습니까?

대화

마이클: 후엔, 왜 이렇게 힘없이 앉아 있어?

후엔: 졸업이 두 달 밖에 남지 않았잖아. 졸업하기 위해 논문을 써야 하는데, 정말 힘들어.

마이클: 뭐가 가장 힘들어?

후엔: 주제를 정하는 게 어려워. 주제를 정확하게 결정하지 못하니까 자료 조사하기도 쉽지 않고.

마이클: 그렇구나. 선배들을 보니까 주제를 바꿔서 처음부터 다시 쓰는 일도 많던데.

후엔: 주제가 자꾸 바뀌는 것도 머리 아프고.

마이클: 전공 수업 때 들었던 내용이나 과제를 했던 내용을 다시 잘 살펴보면 도움이 되지 않을까?

후엔: 응 고마워. 나 이번 학기에 졸업할 수 있겠지?

어휘

1 다음 문장의 빈칸에 적절한 어휘를 선택하여 넣어 보십시오.

> 교양   기준   졸업   평점   가능하다   제출하다

졸업 과정

전공의 졸업 (1) _____ 학점을 이수했습니까? ➡

전공과 (2) _____ 과목을 모두 들었나요? ➡

(3) _____ 이/가 기준 이상이었나요? ➡

주 전공의 논문을 (4) _____, 졸업 프로젝트를 다 했나요? ➡

부전공 혹은 복수 전공을 신청했나요? ➡

모든 학점을 이수했나요? ➡ 축하합니다! 졸업이 (5) _____.

2 어휘의 의미를 찾아서 연결하십시오.

(1) 따다 ・　　　　　　　・ 가. 점수나 자격을 얻다.

(2) 미루다 ・　　　　　　　・ 나. 궁금한 것을 물어보다.

(3) 작성하다 ・　　　　　　　・ 다. 서류, 원고 등을 만들다.

(4) 문의하다 ・　　　　　　　・ 라. 어떤 곳이나 때를 지나가다.

(5) 졸업하다 ・　　　　　　　・ 마. 해당 학과를 공부하여 마치다.

(6) 통과하다 ・　　　　　　　・ 바. 어떤 일을 하는 시간을 나중으로 넘기다.

피동사

다른 사람의 힘에 의해서 행해지는 동작을 나타낸다. '-이-', '-히-', '-리-', '-기'를 붙여서 표현한다.

p.109 피동사표 참조

예 길이 **막혀서** 약속에 늦었다.
좋아하는 노래가 **들려서** 걸음을 멈췄다.

가: 어제 쇼핑은 잘 했어요?
나: 아니요, 쇼핑센터 문이 **닫혀서** 쇼핑을 못 했어요.

1 보기 와 같이 피동사를 사용하여 문장을 쓰십시오.

> 보기 물건을 판다. → 물건이 팔린다.

(1) 눈을 감는다. → _____.

(2) 발을 밟는다. → _____.

(3) 커피가 묻는다. → _____.

(4) 흰머리를 뽑는다. → _____.

(5) 유리컵을 깬다. → _____.

2 다음 괄호 안의 단어를 피동사로 바꾸어 대화를 완성하십시오.

(1) 가: 피아노 소리 _____. (듣다)
　　나: 네, 옆집에서 나는 소리예요.

(2) 가: 방에서 바다를 볼 수 있어요?
　　나: 네, 창문으로 바다가 _____. (보다)

(3) 가: 링링 손이 왜 그래요?
　　나: 어제 산에 가서 모기한테 _____. (물다)

(4) 가: 깜짝이야! 이게 무슨 소리예요?
　　나: 바람에 문이 _____. (닫다)

(5) 가: 그 사건은 어떻게 끝났어요?
　　나: 결국 도둑이 경찰에게 _____. (잡다)

문법 2

-기 위해(서)

어떤 상황이나 행동을 하는 목적이나 의도를 나타낸다.

예) 영수가 돈을 **찾기 위해** 은행에 갔다.
학생증을 **만들기 위해서** 학생회관에 갔다.

가: 페이 씨는 왜 아르바이트를 해요?
나: 친구와 제주도에 **가기 위해서** 돈을 모으고 있어요.

1 알맞은 것을 골라 '-기 위해(서)'를 사용하여 대화를 완성하십시오.

> 쓰다   높이다   구성하다   확인하다

(1) 가: 발표문의 초고를 쓸 때 어떻게 해야 하나요?

　　나: 주제에 대한 생각을 정리하고 초안을 ＿＿＿＿＿＿ 목차를 만들어 보면 좋습니다.

(2) 가: 단어와 문장을 받아쓰는 기초적인 연습이 꼭 필요한가요?

　　나: 학생들의 기초 실력을 ＿＿＿＿＿＿ 자주 하면 할수록 좋다고 생각합니다.

(3) 가: 발표 내용을 어떻게 만들면 좋을까요?

　　나: 주요 내용을 ＿＿＿＿＿＿ 소주제를 2~3개 정도 생각해 보면 좋을 것 같습니다.

(4) 가: 지하철 안에 있는 저 기계들은 무엇인가요?

　　나: 지하철 안에 미세먼지가 얼마나 있는지 ＿＿＿＿＿＿ 설치한 기계들입니다.

2 '-기 위해(서)'를 사용하여 보기 와 같이 이야기하십시오.

	사람	의도	행동
보기	지환	발표 자료를 복사하다	복사실에 가다
(1)	민수	회의실을 정하다	총무팀에 전화를 걸다
(2)	줄리아	신제품을 개발하다	팀원들과 회의하다
(3)	다나카	보고서를 수정하다	여러 번 읽어보다
(4)	유미	설문 조사를 하다	사람들을 만나다
(5)	밍밍	제품 광고를 만들다	제품의 특징을 정리하다

> 보기　가: 지환 씨는 지금 뭐하고 있어요?
> 　　　나: 발표 자료를 복사하기 위해서 복사실에 갔어요.

문법 3

-기

동사, 형용사 등을 명사형으로 바꾸어 그 말이 문장 내에서 명사 기능을 하도록 만든다.

예 저는 공원에서 **산책하기**를 자주 해요.

가: 첸 씨, 취미가 뭐예요?
나: 제 취미는 **요리하기**예요.

[오늘의 할 일]

- 아침에 일어나서 운동하기
- 오후에 친구와 함께 영화보기
- 저녁에 한국어 쓰기 숙제하기

1 보기 와 같이 '-기'를 사용하여 메모로 바꿔 쓰십시오.

[올해의 계획]

보기 올해 내가 쓴 책을 만들다 → 만들기

(1) 1년 동안 20권의 책 읽다 → _____

(2) 새로운 외국어를 배우다 → _____

(3) 친구와 부산으로 여행을 가다 → _____

(4) 한국어 공부해서 Topik 6급을 따다 → _____

(5) 한국인 집에서 홈스테이를 해 보다 → _____

2 '-기'를 이용하여 대화를 완성하십시오.

(1) 가: 프엔 씨, 점심을 왜 굶었어요?
　　나: 혼자 밥을 _____ 싫어서 굶었어요. (먹다)

(2) 가: 어제 운동을 너무 많이 해서 _____ 가 힘들어요. (걷다)
　　나: 너무 심하게 운동을 하는 건 좋지 않아요.

(3) 가: 저, 한국 병원에 가려고 하는데요. 어느 쪽으로 가면 돼요?
　　나: 왼쪽으로 쭉 가면 있어요. 간판이 커서 _____ 쉬울 거예요. (찾다)

(4) 가: 다음달에 고향으로 돌아가요?
　　나: 네. 저는 한국을 _____ 싫지만 꼭 가야 할 일이 있어서요. (떠나다)

(5) 가: 매일 _____ 쉽지 않을 텐데. 대단해요. (운동하다)
　　나: 평소에 건강 관리를 잘 해 놓아야 경기를 할 때 마음이 편해요.

문법 4

-아/어 있다

결과 상태의 지속을 나타낸다.

🔵 예 감기에 걸려서 계속 **누워 있어요.**
저는 약속 장소에 벌써 **도착해 있어요.**

가: 지금 어디에 있어요?
나: 영화관 안에 **들어와 있어요.**

1 그림을 보고 〔보기〕와 같이 '-아/어 있다'를 사용하여 이야기하십시오

(5) 종이 / 붙다
(2) 에어컨 / 켜지다
(7) 시계 / 걸리다
(1) 창문 / 닫히다
(10) 학생들 / 모이다
(6) 영수 / 앉다
(4) 책 / 쌓이다
(3) 쓰레기 / 떨어지다
(8) 가방 / 놓이다
(9) 선생님 / 서다

> 〔보기〕 스마트폰 / 꺼지다 → <u>스마트폰이 꺼져 있어요.</u>

(1) 창문이 _____.

(2) 에어컨이 _____.

(3) 쓰레기가 _____.

(4) 책상 위에 책이 _____.

(5) 게시판에 종이가 _____.

(6) 의자에 영수가 _____.

(7) 교실 벽에 시계가 _____.

(8) 의자 위에 가방이 _____.

(9) 교실 앞에 선생님이 _____.

(10) 교실 뒤에 학생들이 _____.

듣고 말하기

1 다음 대화를 듣고 질문에 답하십시오.

(1) 교내 방송은 어떤 주제에 대해 말하고 있습니까?

① 입학 준비 특강　　　　② 시험 준비 특강　　　　③ 취업 준비 특강

(2) 들은 내용과 <u>다른</u> 것은 무엇입니까?

① 신청한 모든 학생이 특강을 들을 수 있다.

② 특강은 다음달 20일에 도서관에서 진행된다.

③ 취업한 선배들이 와서 후배들에게 조언을 한다.

2 다음 표에 메모해 보고, 특강을 안내하는 방송문을 만드십시오.

특강 주제	
특강 진행 장소, 시간, 대상	
특강 내용	
특강 신청 방법	

대학 생활 알아보기

졸업을 하려면

Q 졸업을 하려면 무엇부터 준비를 해야 돼요?

A 졸업에 필요한 학점을 이수해야지. 졸업에 필요한 점수를 적절하게 들어야 해. 졸업 학점을 채우는 것은 졸업을 위한 가장 기본적인 조건이야. 학과에 물어봐서 언제 어떤 과목을 들을지 계획을 세워 두는 것도 좋아.

Q 필요한 학점만큼 수업을 다 듣기만 하면 돼요?

A 보통 외국어 시험에서 기준 점수 이상을 받아야 하고, 졸업 논문도 써야 해. 졸업 프로젝트를 해야 하는 전공도 있어. 패션디자인학과는 졸업을 위해 패션쇼를 해야 하고, 사진을 전공하는 학생들은 사진전을 열기도 하지.

Q 그것 말고도 졸업을 하는 데 중요한 것이 또 있을까요?

A 졸업 요건을 채우지 못 한 경우 졸업이 늦어질 수 있어. 몇 학점을 이수해야 하는지, 어떤 졸업 프로젝트를 수행해야 하는지 미리 확인해 보는 것이 좋아.

(1) 여러분은 졸업에 대해 어떤 걱정, 궁금함이 있습니까?

(2) 대학 생활에서 모르는 것이 있을 때 주로 누구의 도움을 받습니까?

부 록

사동사

-이-	-히-	-리-	-기-	-우-
끓다 - 끓이다	넓다 - 넓히다	날다 - 날리다	감다 - 감기다	깨다 - 깨우다
나다 - 내다	눕다 - 눕히다	늘다 - 늘리다	남다 - 남기다	비다 - 비우다
녹다 - 녹이다	맞다 - 맞히다	돌다 - 돌리다	맡다 - 맡기다	새다 - 새우다
높다 - 높이다	밝다 - 밝히다	불다 - 불리다	벗다 - 벗기다	서다 - 세우다
늘다 - 늘이다	앉다 - 앉히다	살다 - 살리다	숨다 - 숨기다	자다 - 재우다
먹다 - 먹이다	익다 - 익히다	알다 - 알리다	신다 - 신기다	자다 - 재우다
보다 - 보이다	읽다 - 읽히다	얼다 - 얼리다	씻다 - 씻기다	차다 - 채우다
붙다 - 붙이다	입다 - 입히다	울다 - 울리다	웃다 - 웃기다	크다 - 키우다
속다 - 속이다	좁다 - 좁히다	줄다 - 줄이다		타다 - 태우다
죽다 - 죽이다		흐르다 - 흘리다		
줄다 - 줄이다				

피동사

-이-	-히-	-리-	-기-
보다 - 보이다	먹다 - 먹히다	듣다 - 들리다	안다 - 안기다
꺾다 - 꺾이다	묻다 - 묻히다	갈다 - 갈리다	감다 - 감기다
놓다 - 놓이다	막다 - 막히다	팔다 - 팔리다	뜯다 - 뜯기다
쌓다 - 쌓이다	얹다 - 얹히다	널다 - 널리다	찢다 - 찢기다
떼다 - 떼이다	밟다 - 밟히다	밀다 - 밀리다	쫓다 - 쫓기다
차다 - 차이다	뽑다 - 뽑히다	빨다 - 빨리다	
꼬다 - 꼬이다	맺다 - 맺히다	뚫다 - 뚫리다	
	얽다 - 얽히다		

듣기 지문

1과 입학

대화

링링: 신입생 오리엔테이션에서 무엇을 해요?

민수: 학사 일정과 학교 시설을 알려줘요.

링링: 수강 신청 방법도 알려줘요?

민수: 수강 신청 방법도 알려주니까 꼭 가세요.

링링: 오리엔테이션은 언제 시작해요?

민수: 다음 주 월요일에 시작할 거예요.

링링: 어디에서 해요?

민수: 대강당에서 해요. 대강당은 본관 옆에 있어요.

2과 수강신청

대화

진차오: 다음 학기에 전공과목 뭐 들을 거야?

후엔: 글쎄, 아직 모르겠어. 너는?

진차오: 나는 경영학 개론을 듣기로 했어.
　　　　지난 학기에 안 들어서 이번 학기에는 꼭 들어야 하거든.

후엔: 그렇구나. 나는 강의계획서 나오면 그거 보고 결정할 거야.

진차오: 강의계획서? 지금 학교 홈페이지에 들어가면 있어.

후엔: 그래? 벌써 나왔어?

진차오: 어. 어제부터 올라왔어. 여기 봐.

후엔: 그렇구나. 이 교양 과목 강의계획서 좀 보자.

2과 수강신청

듣고 말하기

진차오: 언제 수강 신청 했어?

주영: 나는 수강 신청 첫 날 했어. 넌?

진차오: 난 개강 첫 주에 했어. 이번 학기에 뭐뭐 들어?

주영: 난 교양은 영어하고 한국어를 듣고, 전공 3개 들어.

진차오: 그래? 나는 이번 학기에 영어를 듣지 않기로 했어.

주영: 영어는 교양 필수 과목이라 꼭 들어야 하잖아.

진차오: 너무 자신이 없어서.

주영: 영어 잘하는 친구와 친하게 지내면 도움이 될 거야.
　　　미국 드라마를 많이 보는 것도 좋아.

대화

후엔: 어떤 동아리에 들어가는 게 좋을까요?

마이클: 지금 어떤 동아리에 관심을 가지고 있어요?

후엔: 웹툰 동아리에 들어가고 싶은데, 그림에 자신이 없어요.

마이클: 그래도 동아리에 들어갈 수 있어요.

후엔: 기초부터 배울 수 있을까요?

마이클: 가입하면 선배들이 기초부터 가르쳐 줄 거예요. 저도 그림을 배우려고 들어왔어요.

후엔: 배우면 그림을 잘 그릴 수 있어요?

마이클: 물론이에요. 저도 처음에는 아무것도 못 그렸어요.

대화

마이클: 이번 축제 때 누가 출연해요?

링링: 가수와 개그맨들이 출연해요. 사람들이 모여서 공연을 볼 거예요.

마이클: 재미있겠어요. 공연을 볼 때 음식도 사 먹을 수 있어요?

링링: 그럼요. 공연을 보면서 핫도그, 음료수 등을 사 먹을 수 있어요.

마이클: 축제 때 어떤 음식이 가장 맛있었는지 알려 줄 수 있어요?

링링: 작년 축제에서는 떡볶이가 가장 맛있었어요.

마이클: 이번 축제에서도 떡볶이를 팔까요?

링링: 인기가 많은 메뉴니까 아마 팔 거예요. 저는 올해도 꼭 사 먹으려고요.

듣고 말하기

기자: 경영학과에서는 이번 대학 축제 때 어떤 것을 팔았어요?

학생: 저희 학과에서는 에코백을 만들어서 팔았어요.
　　　학생들이 직접 그림을 그리거나 글자를 써서 만들었습니다.

기자: 에코백을 판매한 수익은 어디에 사용할 예정입니까?

학생: 지역 도서관과 상의해서 동네의 아이들에게 도서 기부를 하려고 합니다.

기자: 그렇군요. 도서 기부를 계획한 이유는 무엇인가요?

학생: 아이들이 어릴 때 좋은 책을 읽으면 꿈을 찾고 만들어 나갈 수 있으니까요.

기자: 네. 앞으로는 어떤 활동을 할 예정이에요?

학생: 다음 달부터 방과 후 초등학교에 찾아가 무료로 춤을 가르쳐 주는 봉사 활동을 할 거예요.

듣기 지문

5과 시험

대화

진차오: 이 책 좀 빌려 가도 돼?

링링: 그래. 근데 나도 도서관에서 빌린 책이라 너무 늦게 주면 안 돼.

진차오: 언제까지 돌려줘야 해?

링링: 다음주 수요일에 반납해야 돼.

진차오: 이 책 다 보는 데에 시간이 오래 걸릴까? 시험이 일주일밖에 안 남았는데 걱정이야.

링링: 오래 걸리지 않을 것 같아. 난 하루 만에 다 봤어.

진차오: 중요한 부분에 표시하면서 봐도 될까?

링링: 나도 빌린 책이니까 책에 표시를 하면 안 돼.

6과 방학

대화

후엔: 곧 여름방학이네. 방학에 무슨 계획이 있어?

마이클: 이번 학기를 너무 바쁘게 지내서 방학에는 좀 쉬고 싶어. 너는 방학에 뭘 할 거야?

후엔: 나는 어릴 때부터 하던 봉사 활동을 계속할 거야. 대학생이 된 후에는 한 번도 못 했거든.

마이클: 대단한데? 기말고사가 끝난 지 얼마 안 됐는데 방학을 여유롭게 지내고 싶지 않아?

후엔: 나는 대학생이 되고 나서 첫 번째 방학이니까 봉사 활동도 하고, 여행도 하면서 의미
있게 지내고 싶어.

마이클: 다른 친구들은 첫 방학에 뭘 할까?

후엔: 외국어 공부를 하는 친구도 있고 여행을 하는 친구도 있을 것 같아.

마이클: 나도 이번 방학에는 제주도로 여행을 가 볼까?

6과 방학

듣고 말하기

아나운서: 학생 상담 센터에서 조사한 자료에 따르면 지난해 우리 대학교의 학생들이 방학
에 하고 싶어 하는 일과 실제로 하는 일에 차이가 있는 것으로 나타났습니다. 먼
저, 한국에 온 지 1년 이상 된 대학생들에게 '지난 방학에 주로 무엇을 했습니까?'
라는 질문을 했습니다. 그 결과, 가장 많이 한 답변은 '취업 준비를 한다'였고, 두
번째는 '계절학기를 듣는다'였습니다. 응답 중 '여행을 하거나 쉰다'는 가장 적게
나타났습니다. 반면, '방학에 무엇을 제일 해 보고 싶습니까'라는 질문에 대해서는
응답률 1위가 '여행을 하거나 쉰다'였습니다. 2위는 '취미 활동을 한다'였고 3위는
평소에 좋아하던 '운동을 하거나 자격증 준비를 한다'였습니다.

대화

마이클: 너는 전공이 뭐야?

시호: 나는 경제학과인데, 사회복지학을 복수전공하고 있어. 넌?

마이클: 나는 전자공학을 전공하고 있어. 그런데 전공을 두 개나 해?

시호: 어. 나는 졸업하고 UN이나 UNESCO 같은 국제기구에서 일하는 게 꿈이야. 세계 경
　　　제에 대해서도 공부하고, 사회복지도 같이 공부하면 도움이 될 것 같아서.

마이클: 멋지다. 그래도 너무 다른 전공을 두 개나 배우면 힘들지 않아?

시호: 좀 힘들 때도 있어. 그런데 나는 경제학이랑 사회복지학이 모두 적성에 잘 맞아서 괜
　　　찮은 것 같아.

마이클: 난 영어영문학을 부전공으로 하려고 했다가 포기했어. 영문과 수업을 들어 보니까
　　　그건 적성에 안 맞아서.

시호: 그랬구나. 전자공학은 너무 어려워서 전공을 하나만 하는 것도 힘들 것 같아.

대화

민아: 다음 주에 우리 조가 발표하는 거 너도 알지?

자말: 응. 한국 문화에 대해서 조사하게 하셨잖아.

민아: 우리 어떻게 준비할까?

자말: 먼저, 서로 할 일을 나누고 함께 발표 계획을 세우자.

민아: 그럼, 네가 발표를 할래?

자말: 난 발표는 어려운 것 같아. 연습을 해도 발음이 어려워서 자꾸 틀려.

민아: 그럼, 발표 준비를 맡는 게 어때?

자말: 응. 발표 자료는 잘 만들 수 있어.

듣고 말하기

민아: 윤호야, 중간시험이 끝났는데 오늘도 도서관에 가는 거야?

윤호: 응. 과제 준비를 하려고.

민아: 아직 시간이 많이 있는데 벌써 과제를 준비한다고?

윤호: 나는 아무리 열심히 과제를 준비해도 좋은 점수를 받은 적이 없어. 힘들어도 열심히
　　　공부해서 이번 과제는 꼭 A+를 받고 싶어.

민아: 인터넷에서 도움이 될 만한 내용을 찾을 수 있을 거야.

윤호: 인터넷에서 방법을 찾아봤는데, 도움이 되지는 않았어.

민아: 그렇구나. 누가 A+ 받는 방법을 알려주면 좋을 텐데. 선배에게 한번 물어보면 어떨까?

윤호: 그래야겠다. 나도 A+ 받는 방법을 알고 싶어.

듣기 지문

대화

윤호: 인턴을 하고 왔다면서? 어땠는지 궁금했어.

후엔: 나는 원고를 쓰는 기자보다 내용을 말로 전달하는 아나운서 쪽에 관심이 갔어.

윤호: 역시 뭐든지 경험을 해 봐야 자기가 정말로 좋아하는 게 뭔지 알게 되나 봐.

후엔: 좋아하는 것을 잘 찾고 그것과 관련이 있는 직업을 선택해야 좋을 것 같아.

윤호: 선배들이 어떤 일에 익숙해지고 잘 하게 되려면 인턴을 하면서 적성에 맞는 걸 찾아 보라고 했어.

후엔: 그 말이 정말 맞는 것 같아. 이번 방학에도 여기저기에서 인턴 모집을 하던데.

윤호: 음, 이번 여름 방학에는 꼭 신청해야지. 은행이나 공공기관에서 해 보고 싶어.

후엔: 그래. 나도 정보를 얻게 되면 알려 줄게.

대화

마이클: 후엔, 왜 이렇게 힘없이 앉아 있어?

후엔: 졸업이 두 달 밖에 남지 않았잖아. 졸업하기 위해 논문을 써야 하는데, 정말 힘들어.

마이클: 뭐가 가장 힘들어?

후엔: 주제를 정하는 게 어려워. 주제를 정확하게 결정하지 못하니까 자료 조사하기도 쉽지 않고.

마이클: 그렇구나. 선배들을 보니까 주제를 바꿔서 처음부터 다시 쓰는 일도 많던데.

후엔: 주제가 자꾸 바뀌는 것도 머리 아프고.

마이클: 전공 수업 때 들었던 내용이나 과제를 했던 내용을 다시 잘 살펴보면 도움이 되지 않을까?

후엔: 응, 고마워. 나 이번 학기에 졸업할 수 있겠지?

듣고 말하기

아나운서: 안녕하세요. 학우 여러분! 다음달에 진행되는 취업 특강에 대해 말씀드리겠습니다. 우리 학교에서는 다음달 20일에 도서관 3층 세미나실에서 총 100명의 학생을 대상으로 취업 특강을 진행합니다. 취업 전문가들이 취업 준비에 꼭 필요한 정보들만 뽑아 알기 쉽게 알려주는 시간입니다. 특강에 참여하고 싶은 학생들은 오늘부터 도서관 홈페이지에 신청하면 됩니다. 선착순 100명까지만 신청을 받는다고 합니다. 특강을 듣고 싶은 학우님들께서는 빨리 신청하시기 바랍니다. 그럼 다음 안내를 이어가겠습니다.

정답 및 예시

01 입학

어휘

1. (1) 입학 (2) 신입생 (3) 안내 (4) 학과 (5) 참여 (6) 신청
2. (1) 수업 (2) 열립니다 (3) 적응하고 (4) 소개했습니다
  (5) 만납니다 (6) 학번

문법 1

1. (1)에서 (2)에서 (3)에 (4)에서 (5)에
2. (1) 도서관에 책이 많습니다.
  (2) 동생이 학교에 갑니다.
  (3) 기차가 부산에서 출발합니다.
  (4) 윤지는 백화점에서 친구를 만납니다.
  (5) 진수는 학생식당에서 밥을 먹습니다.

문법 3

1. (1) 갈 거예요 (2) 구경할 거예요 (3) 이사할 거예요
  (4) 살 거예요 (5) 탈 거예요
2. (1) 더울 거예요 (2) 어울릴 거예요
  (3) 있을 거예요 (4) 걸릴 거예요
  (5) 좋아할 거예요

문법 4

1. (1) 보고 싶어요 (2) 하고 싶어요 (3) 먹고 싶어요
  (4) 치고 싶어요 (5) 알고 싶어요
2. (1) 배우고 싶어 (2) 가고 싶어 (3) 경험하고 싶어
  (4) 되고 싶어 (5) 인정받고 싶어

듣고 말하기

1. (1) ② (2) ③

02 수상신청

어휘

1. (1) 나 (2) 가 (3) 다

2. (1) 학점 (2) 휴학생 (3) 정원 (4) 재학생

문법 1

1. (1) 썼습니다. (2) 했습니다.
  (3) 점심을 먹었습니다. (4) 영화를 봤습니다.
  (5) 공원에서 자전거를 탔습니다.
2. (1) 읽었습니다. (2) 몰랐습니다.
  (3) 추웠습니다. (4) 만들었습니다.
  (5) 들었습니다.

문법 2

1. (1) 결석하면 (2) 하면 (3) 아프면 (4) 받으면
  (5) 있으면
2. (1) 많으면 (2) 들으면 (3) 생각과 다르면
  (4) 수강 취소 기간이 지나면

문법 3

1. (1) 요리를 만들기로 했어요
  (2) 한국어를 공부하기로 했어요
  (3) 영화를 보기로 했어요
  (4) 숙제를 끝내기로 했어요
  (5) 영어책을 읽기로 했어요
2. (1) 하기로 했어요 (2) 가기로 해요
  (3) 만나기로 해요 (4) 듣기로 해요
  (5) 타기로 해요

문법 4

1. (1) 이수해야 해요
  (2) 제출해야 해요
  (3) 수업 시간에 결석하지 말아야 해요
  (4) TOPIK 4급을 따야 해요
  (5) 나머지 학기 동안 시험을 열심히 준비해야 해요
2. (1) 공부해야 해요
  (2) 들어줘야 해요
  (3) 주사를 맞아야 해요
  (4) 학생증을 가지고 가야 해요

정답 및 예시

듣고 말하기

1. (1) ③ (2) ①

03 동아리

어휘

1. (1) 재학생 (2) 관심 (3) 지원 (4) 활동 (5) 연락처

2. (1) 가르칩니다 (2) 가입했습니다
　(3) 배웠습니다 (4) 들어갈 (5) 나왔습니다
　(6) 모집합니다

문법 1

1. (1) 먹고 있어요 　　　(2) 입고 있어요
　(3) 기다리고 있어요 　(4) 자고 있어요
　(5) 마무리하고 있어요

2. (1) 쯔위가 창밖을 바라보고 있어요.
　(2) 병수가 졸고 있어요.
　(3) 링링이 책을 읽고 있어요.
　(4) 흐엉이 친구와 이야기하고 있어요.
　(5) 민희가 청소를 하고 있어요.

문법 2

1. (1) 만들 수 있어요 　　(2) 읽을 수 있어요
　(3) 대화할 수 있어요 　(4) 외울 수 있어요

2. (1) 칠 수 있어요 　　　(2) 먹을 수 없어요
　(3) 탈 수 없어요 　　　(4) 읽을 수 있어요
　(5) 운전할 수 없어요

문법 3

1. (1) 만나려고 (2) 걸으려고 (3) 빼려고 (4) 들으려고
　(5) 만들려고

2. (1) 링링은 친구를 만나려고 지하철역에 갔어요.
　(2) 왕밍은 첫차를 타려고 일찍 집에서 나왔어요.
　(3) 유미는 상을 받으려고 밤을 새서 공부했어요.
　(4) 흐엉은 등록금을 벌려고 아르바이트를 하고 있어요.
　(5) 응우엔은 잃어버린 물건을 찾으려고 분실물 센터
　　에 전화했어요.

문법 4

1. (1) 즐거운 (2) 무거운 (3) 맛있는 (4) 예쁜 (5) 빨간

2. (1) 볼 (2) 갈 (3) 끓인 (4) 공연할

듣고 말하기

1. (1) ② (2) ③

04 축제

어휘

1. (1) 계절 (2) 부르면 (3) 일정 (4) 모여서 (5) 다양한
　(6) 소식

2. (1) 떠들다 (2) 팔다 (3) 맡다 (4) 반하다 (5) 가득하다
　(6) 반짝거리다

문법 1

1. (1) 수호가 전화를 하면서 청소를 해요.
　(2) 티진이 책을 읽으면서 친구를 기다려요.
　(3) 지영이 바닷가를 걸으면서 노래를 불러요.
　(4) 마이클이 요리를 하면서 텔레비전을 봐요.
　(5) 리상이 컴퓨터 게임을 하면서 라면을 먹어요.

2. (1) 사라는 음악을 들으면서 뛰어요.
　(2) 지브런을 책을 읽으면서 콜라를 마셔요.
　(3) 소영이는 노래를 부르면서 춤을 춰요.
　(4) 동민은 자전거를 타면서 친구를 불러요.

문법 2

1. (1) 쉴 때 (2) 보고 싶을 때 (3) 있을 때 (4) 빌릴 때
　(5) 받을 때

2. (1) 많을 때 (2) 갈 때 (3) 걸을 때 (4) 봤을 때
　(5) 싸웠을 때

문법 3

1. (1) 가르쳐 주세요 　　(2) 고쳐 주세요
　(3) 깎아 주세요 　　　(4) 포장해 주세요
　(5) 빌려 주세요

2. (1) 틀어 주셨다   (2) 빌려 주었다
    (3) 도와주었다   (4) 알려주었다

1. (1) 예약하고 (2) 내려서 (3) 가서 (4) 걸어서
    (5) 사서
2. (1) 끓여서 (2) 앉아서 (3) 하고 (4) 정리하고 (5) 그려서

1. (1) ①   (2) ①

05 시험

1. (1) 시험지 (2) 과목 (3) 기말시험 (4) 객관식
    (5) 성적 (6) 주관식
2. (1) 제출해야 (2) 끝납니다 (3) 받았습니다
    (4) 풀지 (5) 준비했습니다 (6) 보지

1. (1) 찍어도 됩니까   (2) 신어 봐도 돼요
    (3) 제출해도 됩니다   (4) 들어가도 됩니까
    (5) 않아도 됩니다   (6) 입어 봐도 돼요
    (7) 앉아도 돼요   (8) 찍어도 됩니까
    (9) 와도 됩니다   (10) 놀러 가고 돼

1. (1) 치면 안 됩니다   (2) 쓰면 안 됩니다
    (3) 사용하면 안 됩니다   (4) 말하면 안 돼요
    (5) 마시면 안 돼요
2. (1) 도서관에서 뛰면 안 됩니다
    (2) 도서관에서 전화를 하면 안 됩니다
    (3) 도서관에서 음식을 먹으면 안 됩니다
    (4) 도서관에서 친구와 이야기를 하면 안 됩니다

1. (1) 맛있겠어요   (2) 오겠어요
    (3) 어두워지겠어요   (4) 시작하겠어요
    (5) 도착하겠어요
2. (1) 이루겠습니다   (2) 저축하겠습니다
    (3) 하겠습니다   (4) 마시겠습니다
    (5) 않겠습니다

1. (1) 미진은 더워서 지친 것 같아요
    (2) 양양은 과제가 많아서 피곤한 것 같아요
    (3) 린펑은 과식해서 배가 아픈 것 같아요
    (4) 유이는 합격해서 행복한 것 같아요
    (5) 링링은 큰 소리를 들어서 놀란 것 같아요
2. (1) 미끄러진 것 같아요
    (2) 먹을 것 같아요
    (3) 이길 것 같아요
    (4) 만든 것 같아요
    (5) 배우는 것 같아

1. (1) ②   (2) ③

06 방학

1. (1) 오래간만 (2) 기억 (3) 관심 (4) 경험 (5) 계획
    (6) 보람
2. (1) 뛰어난 (2) 편하게 (3) 소중한 (4) 외롭지
    (5) 자유롭게 (6) 모자라요

1. (1) 재미있게 (2) 바쁘게 (3) 짧게 (4) 힘들게
    (5) 싸게 (6) 따뜻하게 (7) 크게 (8) 간단하게
    (9) 짜게 (10) 무섭게

정답 및 예시

문법 2

1. (1) 가입해 보세요.   (2) 발라 보세요.
    (3) 신어 보세요.   (4) 물어 보세요.
    (5) 마셔 보세요

2. (1) 가: 흐엉 씨, 동영상을 만들어 봤어요?
     나: 네, 만들어 봤어요. 링 씨는요?
     가: 저는 아직 못 만들어 봤어요.
   (2) 가: 흐엉 씨, 배낭여행을 해 봤어요?
     나: 아니요, 아직 못 해 봤어요. 링 씨는요?
     가: 저는 해 봤어요.
   (3) 가: 흐엉 씨는 번지점프를 해 봤어요?
     나: 네, 해 봤어요. 링 씨는요?
     가: 아니요, 저는 아직 못 해 봤어요.
   (4) 가: 흐엉 씨, 한복을 입어 봤어요?
     나: 아니요, 아직 못 입어 봤어요. 링 씨는요?
     가: 저는 입어 봤어요.
   (5) 가: 흐엉 씨, 기숙사에서 살아 봤어요?
     나: 네, 살아 봤어요. 링 씨는요?
     가: 저는 아직 못 살아 봤어요.

문법 3

1. (1) 그리던 (2) 하던 (3) 보던 (4) 마시던 (5) 만들던

2. (1) 가: 이건 뭐예요? 나: 지난 겨울에 쓰던 털모자예요.
   (2) 가: 이건 뭐예요? 나: 어릴 때 타던 자전거예요.
   (3) 가: 이건 뭐예요? 나: 제가 사용하던 가습기예요.
   (4) 가: 이건 뭐예요? 나: 등산할 때 입던 옷이에요.
   (5) 가: 이건 뭐예요? 나: 학생 때 치던 기타예요.

문법 4

1. (1) 지은 지 (2) 난 지 (3) 연 지 (4) 다닌 지 (5) 읽은 지

2. (1) 가: 한국에 온 지 얼마나 됐어요?
     나: 한국에 온 지 1년 됐어요.
   (2) 가: 입학한 지 얼마나 됐어요?
     나: 입학한 지 6개월 됐어요.
   (3) 가: 태권도를 배운 지 얼마나 됐어요?
     나: 태권도를 배운 지 10일 됐어요.
   (4) 가: 동아리 회장을 맡은 지 얼마나 됐어요?
     나: 동아리 회장을 맡은 지 한 달 됐어요.
   (5) 가: 이사한 지 얼마나 됐어요?

     나: 이사한 지 일주일 됐어요.

듣고 말하기

1. (1) ①   (2) ③

07 수상신청

어휘

1. (1) 나 (2) 가 (3) 바 (4) 다 (5) 마 (6) 라

2. (1) 생겼다 (2) 맞지 (3) 선택하지 (4) 변경하는
   (5) 살리지 (6) 다양한

문법 1

1. (1) 가. 동대문 시장에 가니까 생각보다 훨씬 더 혼잡
     했다.
   (2) 다. 작년에 산 옷을 입으니까 유행이 지나 촌스러
     워 보인다.
   (3) 마. 여름에 삼계탕을 먹으니까 국물이 뜨거웠지만
     시원하게 느껴졌다.
   (4) 나. 저녁에 커피를 마시니까 밤에 잠이 안 와서 힘
     들었다.

2. (1) 가: 한국 음식을 먹으니까 어때요?
     나: 한국 음식을 먹으니까 생각보다 매운 음식이
     많아요.
   (2) 가: 한국 방송을 보니까 어때요?
     나: 한국 방송을 보니까 듣기와 말하기 실력이 좋
     아졌어요.
   (3) 가: 한국에서 혼자 사니까 어때요?
     나: 한국에서 혼자 사니까 재밌기도 하지만 가끔
     은 너무 외롭기도 해요.
   (4) 가: 한국 친구를 사귀니까 어때요?
     나: 한국 친구를 사귀니까 한국인의 정을 느낄 수
     있어서 좋아요.
   (5) 가: 한국 대학에 유학 오니까 어때요?
     나: 한국 대학에 유학 오니까 생각보다 전공 공부
     가 어려워서 힘들어요.

1. (1) 오늘 5시에 신입생 오리엔테이션이 있을 것이다.
   (2) 어제 저녁에 비가 많이 내렸다.
   (3) 신입생들은 교양 수업을 많이 듣는다.
   (4) 학생들에게 인기가 많은 전공은 시대에 따라 다르다.
2. (3) 먼저 한국어에는 성조가 없지만 베트남어에는 성조가 있다. (1) 그래서 베트남 학생들에게 한국어 억양은 어렵다. (4) 또 한국어에는 '은/는', '이/가' 같은 표현이 있다. (2) 그래서 이런 표현을 정확하게 사용하기 어려워 한다.

1. (1) 친구인데 (2) 샀는데 (3) 좋아하는데
   (4) 보는데 (5) 많은데
2. (1) 가: 선배, B 교수님의 강의는 어려워요?
   나: 응. 어려운데 열심히 하면 많은 것을 배울 수 있어.
   (2) 가: 선배, 학과 사무실이 2층에 있었어요?
   나: 응. 2층에 있었는데 지난 방학에 3층으로 옮겼어.
   (3) 가: 선배, 이 전공 과목은 수강생이 많아요?
   나: 응. 수강생이 많은데 토론도 자주 하고 발표 순서도 자주 돌아와.
   (4) 가: 선배, 학과 동아리에서 신입생을 뽑아요?
   나: 응. 신입생을 뽑는데 인기가 많은 동아리라 경쟁이 치열할 거야.

1. (1) 마시다가 (2) 입었다가 (3) 탔다가 (4) 쓰다가
   (5) 되돌아갔다가
2. (1) 가입했다가 (2) 뛰다가 (3) 가다가 (4) 고백했다가 (5) 하다가

1. (1) ② (2) ③

08 과제

1. (1) 가끔 (2) 밤새 (3) 매주 (4) 그대로 (5) 자료
   (6) 제목
2. (1) 참고하세요 (2) 검토하세요
   (3) 밝히세요   (4) 확인하세요
   (5) 지키세요

1. (1) 들을 만한   (2) 볼 만해요   (3) 참을 만해요
   (4) 쓸 만해요   (5) 입을 만해요   (6) 지낼 만해요
   (7) 배울 만한   (8) 할 만한   (9) 읽을 만할
   (10) 드실 만한

1. (1) 사진을 못 찍게 해요
   (2) 물리치료를 받게 했어요
   (3) 따뜻한 옷을 입게 했어요
   (4) 휴대폰을 사용하지 못하게 해요
   (5) 부모님의 마음을 아프게 했어요
   (6) 용돈을 아껴 쓰게 하셨어요
   (7) 다른 곡을 연주하게 하셨어요
   (8) 한복을 입게 해요
   (9) 준비운동을 하게 했어요
   (10) 가방을 부치지 못하게 해요

1. (1) 써도 (2) 추워도 (3) 불러도 (4) 졸려도 (5) 가도
2. (1) 저는 아무리 어려워도 포기하지 않아요.
   (2) 저는 아무리 밤을 새서 피곤해도 다음날 쉬지 않아요.
   (3) 저는 과제 때문에 시간이 없어도 신문을 꼭 읽어요.
   (4) 올해는 겨울이 되어도 눈이 오지 않아요.
   (5) 저는 아무리 몸이 아파도 밝은 목소리로 부모님께 전화해요.

정답 및 예시

문법 4

1. (1) 붙일까 (2) 맞혔어요 (3) 울려서 (4) 날릴
(5) 세웠어요

2. (1) 맡기고 (2) 입히고 (3) 신겼다 (4) 태워서
(5) 씻겼다

듣고 말하기

1. (1) ②
(2) ③
내일 중간시험이 있다 X
윤호는 지난 학기에 A+를 받았다 X
윤호는 도서관에서 과제를 준비하려고 한다

09 직업

어휘

2. (1) 운영하는 (2) 집중되어 (3) 정해(서) (4) 야근
(5) 경력 (6) 직종

문법 1

1. (1) 가을보다 겨울이 춥다
(2) 영어보다 수학을 잘한다
(3) 공부보다 운동을 좋아한다
(4) 축구보다 농구가 재미있다
(5) 불고기보다 비빔밥이 맛있다

2. (1) 다른 과목에 비해 (2) 산에 비해 (3) 전주에 비해
(4) 구두에 비해 (5) 나이에 비해

문법 2

1. (1) 추워졌어요 (2) 우울해졌어요 (3) 깨끗해졌어요
(4) 느려졌어요 (5) 바빠졌어요

2. (1) 꺼졌어요 (2) 정해졌어요 (3) 구워졌어요
(4) 깨졌어요 (5) 지워졌어요

문법 3

1. (1) 지난 방학에 여행을 다녀왔다고 했어요
(2) 연기가 어렵지만 재미있었다고 했어요
(3) 어제는 아르바이트 때문에 바빴다고 했어요
(4) 오늘은 미세먼지가 많다고 해요
(5) 지금 텔레비전에서 축구 경기를 하고 있다고 했어요
(6) 이곳이 한국에서 제일 오래된 절이라고 했어요
(7) 내일은 우리 가족 모두 할머니 댁에 갈 거라고 했어요
(8) 어제 강원도 설악산에 올해 첫눈이 내렸다고 했어요
(9) 이게 새로 들어온 축구화라고 했어요
(10) 내일 시험이 어려울 거라고 했어요

문법 4

1. (1) 어디에 가냐고 했어요
(2) 찬물을 마시지 말라고 했어요
(3) 다른 색깔의 옷을 보여달라고 했어요
(4) 내일 아침에 일찍 깨워달라고 했어요
(5) 수업이 끝나고 같이 밥 먹자고 했어요
(6) 언제 집에 올 수 있냐고 했어요
(7) 한국에 갈 때 자기도 같이 가자고 했어요
(8) 우리 학교에 어떻게 오게 됐냐고 했어요
(9) 다음 주까지 발표를 준비하라고 했어요
(10) 내일부터 같이 나가서 운동을 하자고 했어요

읽고 쓰기

1. (1) ③ (2) ①

10 졸업

어휘

1. (1) 기준 (2) 교양 (3) 평점 (4) 제출하고
(5) 가능합니다

2. (1) 가 (2) 바 (3) 다 (4) 나 (5) 마 (6) 라

문법 1

1. (1) 눈이 감긴다   (2) 발이 밟힌다

   (3) 커피를 묻힌다   (4) 흰머리가 뽑힌다

   (5) 유리컵이 깨진다

2. (1) 들려요 (2) 보여요 (3) 물렸어요 (4) 닫혔어요

   (5) 잡혔어요

문법 2

1. (1) 구성하기 위해서   (2) 높이기 위해서

   (3) 제시하기 위해서   (4) 확인하기 위해서

2. (1) 가: 민수 씨는 지금 뭐하고 있어요?

    나: 회의실을 정하기 위해서 총무팀에 전화하고
있어요.

   (2) 가: 줄리아 씨는 지금 뭐하고 있어요?

    나: 신제품을 개발하기 위해서 팀원들과 회의하고
있어요.

   (3) 가: 다나카 씨는 지금 뭐하고 있어요?

    나: 보고서를 수정하기 위해서 여러번 읽어보고
있어요.

   (4) 가: 유미 씨는 지금 뭐하고 있어요?

    나: 설문 조사를 하기 위해서 사람들을 만나고 있
어요.

문법 3

1. (1) 읽기 (2) 배우기 (3) 가기 (4) 따기 (5) 보기

2. (1) 먹기 (2) 걷기 (3) 찾기 (4) 떠나기

   (5) 운동하기

문법 4

1. (1) 창문이 닫혀 있어요   (2) 켜져 있어요

   (3) 버려져 있어요   (4) 쌓여 있어요

   (5) 붙어 있어요   (6) 앉아 있어요

   (7) 걸려 있어요   (8) 놓여 있어요

   (9) 서 있어요   (10) 모여 있어요

듣고 말하기

1. (1) ③ (2) ①